Die Tradition des Karate

Dieses Buch entstand in Zusammenarbeit mit dem Budo-Studienkreis (BSK), Zentrum zur Erforschung des traditionellen Budo.

Der Budo-Studienkreis ist ein Zusammenschluß von Schwarzgurtträgern, die es sich zur Aufgabe gemacht haben, die Wege des traditionellen Budo zu erforschen und nachzuvollziehen. Hier fließen eigenständige Studien der Karateka zusammen und können sich auf diese Weise gegenseitig bereichern. Durch diese Arbeit ist eine Enzyklopädie über die Kampfkünste und ihre Hintergründe entstanden, aus der auch das Material zu diesem Buch stammt. Anregungen oder Hinweise nehmen wir jederzeit gerne entgegen, insbesondere da wir im Rahmen des BSK noch weitere Themen veröffentlichen wollen.

Wir alle hoffen, daß die traditionellen Kampfkünste mit ihren grenzenlosen Möglichkeiten der Erfahrung und des Fortschritts nicht in Vergessenheit geraten und daß interessierten Menschen neben dem Sport auch die Möglichkeit eines traditionellen Weges offen steht.

Mit Interessenten treten wir gerne in Kontakt. Bitte schreiben Sie an folgende Adresse:

Budo-Studienkreis
Karateschule Lind
Schlüssel 1
6148 Heppenheim

Werner Lind

Die Tradition des Karate

Geschichte, Meister und Stile der traditionellen Kampfkunst in Okinawa und Japan

Werner Kristkeitz Verlag

Die Kalligrafie auf dem Umschlag zeigt die Schriftzeichen für »Karate« in kursivem Schriftstil.

Gedruckt in Deutschland

www.kristkeitz.de

Inhalt

1. Ursprung in China

Die kämpfenden Mönche des Shaolin

Shaolin Kung-fu — ein legendenumwobener Begriff, der heute mehr und mehr in den Mittelpunkt des weltweiten Kampfkunstgeschehens rückt und Aufsehen erregt. Doch was ist wirklich wahr an den Helden des Films, an den Legenden über die streitbaren Mönche, an den außergewöhnlichen Kampftechniken, wie man sie heute einem breiten Publikum präsentiert? Es herrscht weitgehende Unklarheit über die Zusammenhänge dieser mysteriösen Kampfkunst, wie sie angeblich im Shaolin-Kloster ausgeübt wurde. Im Laufe der Zeit hat sich allmählich der Begriff Kung-fu durchgesetzt, und man gebraucht ihn in weiten Kreisen, um all das zu bezeichnen, was aus China an Kampftechniken verbreitet wird.

Die Geschichte des Shaolin-Klosters

»Shaolin« ist die Bezeichnung für das buddhistische Kloster des »kleinen Waldes« (chin. *Shaolin-shu*, jap. *Shorin-ji*) in China. Man betrachtet es als den Entstehungsort der alten chinesischen Kampfkünste (Kempo, Kung-fu, Ch'uan-fa usw.) und als die Wiege des chinesischen Zen-[1] (Ch'an-) Buddhismus. Das Kloster liegt bei Dengfeng auf dem heiligen Sung-shan Berg in der nördlichen Provinz Chinas, Honan, und wurde von dem Kaiser Hsiao-wen im Jahre 477 n. Chr. erbaut. Im Jahre 523 wurde es zum Ziel der Pilgerreise von Bodhidharma[2], dem 28. Nachfolger Buddhas, der, aus dem südlichen Indien kommend, dort die Mönche im Zen-Buddhismus und in gymnastischen Kampfübungen (Shi-pa Lo-han-sho[3] — die achtzehn Hände der Lo-han) unterrichtete. Diese 18 Aktionen gelten heute als der Ursprung sämtlicher nachher entstandenen Kampfkunstsysteme.

Heute ist Shaolin-shu ein Wallfahrtsort für viele Kampfkunstinteressierte, da es geschichtlich dokumentiert der Ausgangspunkt für die Entstehung der chinesischen Kampfkünste gewesen sein soll. Im Laufe seiner langen Geschichte wurde das Kloster jedoch häufig zerstört und wieder neu aufgebaut, denn es war eines der Machtzentren Chinas und stand jahrhundertelang im Mittelpunkt politischer und religiöser Interessen. Zuletzt wurde es von der kommunistischen Regierung Chinas 1982/83

Bodhidharma, auch Daruma oder Ta-mo
buddhistischer Patriarch des Ch'an (Zen)
und vermutlicher Gründer der Shaolin-Kung-fu-Techniken

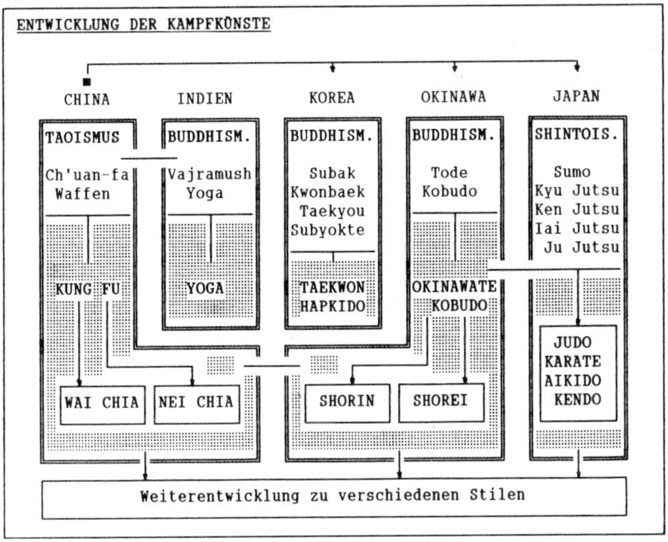

vollkommen renoviert und seitdem als Anziehungspunkt für Touristen und Geschichtsforscher vermarktet. Doch heute ist es nur noch ein Schatten von dem, was es einst war.

Der Shaolin-Tempel ist in Asien gleichbedeutend mit Europas altem Rom und hat den asiatischen Kontinent in zweierlei Hinsicht entscheidend geprägt: er wird als Entstehungsort des Ch'an (Zen) und der chinesischen Kampfkünste Ch'uan-fa angesehen. Beide sollten in den kommenden Jahrhunderten deutliche Spuren auf dem Kontinent hinterlassen und einen wesentlichen Anteil an der Geschichte der asiatischen Völker haben. Heute sind beide dabei, sich über die gesamte Welt zu verbreiten und haben nichts von ihrer Faszination auf die Menschen verloren.

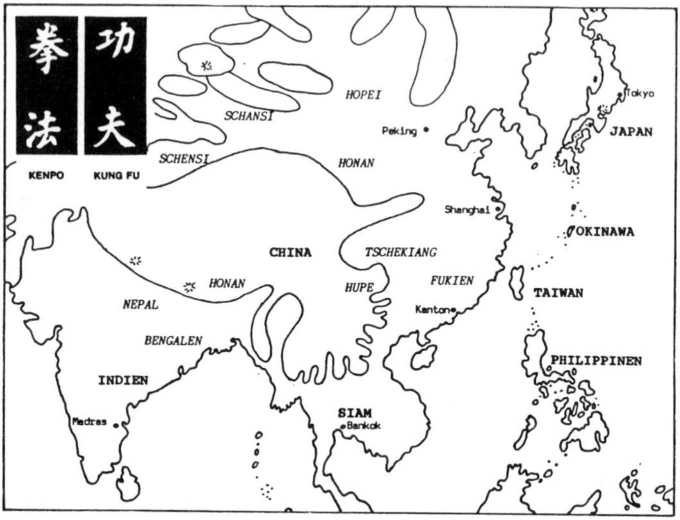

Die Geschichte des Shaolin begann mit der Ankunft des indischen Mönches Bodhidharma, dem 28. Patriarchen des Buddhismus und gleichzeitig dem ersten Patriarchen des Zen in China. Seine Lehre setzte den Grundstein für die Entwicklung der späteren Kampfkünste. In der Blütezeit des Shaolin (vor etwa 1300 Jahren) gab es im Tempel ungefähr 1500 Mönche, von denen mindestens 500 Meister der Kampfkünste waren. Der Tempel war reich und besaß auch großen politischen Einfluß. Der Kaiser Li Shih-min aus der T'ang-Dynastie erlaubte dem Tempel, eine eigene kriegerische Truppe auszubilden, wodurch die Macht des Tempels enorm stieg. Als er selbst einmal in Gefahr war, bat er den Shaolin um Unterstützung. Noch heute gibt es im Tempel eine Tafel, die davon berichtet, daß ihm damals 13 Mönche zu Hilfe eilten und ihn vor der drohenden Gefahr retteten. Der Kaiser wollte sich dafür bedanken und bot den Mönchen hohe Regierungsämter an, die diese jedoch ablehnten und in den Tempel zurückkehrten.

Etwa 1000 Jahre später (1674) bat wieder ein chinesischer Kaiser den Shaolin-Tempel um militärische Hilfe. Unter der Führung von Cheng Kwan-tat, einem Anhänger der Ming, eilten 128 Mönche dem Cheng-Kaiser K'ang-hsi zu Hilfe und leisteten hervorragende Dienste. Auch diese Mönche lehnten die Belohnung des Kaisers ab und kehrten nach den Kämpfen in ihren Tempel zurück.

Diesmal jedoch wurde die Bescheidenheit der Mönche schlecht belohnt. Das Kaiserhaus empfand eine unabhängige Gruppe von Menschen mit einer solch außergewöhnlichen Kampfkraft als Bedrohung und ließ den Tempel durch Truppen besetzen. Er wurde niedergebrannt, und die Mönche wurden getötet. Die Legende erzählt von 5 Mönchen, die dem Gemetzel entkommen konnten. Ihnen schreibt man die Gründung der legendären *Triaden* zu, einem noch heute existierenden chinesischen Geheimbund, dessen Wurzeln ins 16. Jahrhundert zurückreichen.

Geschichtlich ist jedoch erwiesen, daß weit mehr als 5 Mönche den Angriff überlebten, sich jedoch in alle Winde zerstreuten und zumeist versuchten, mit dem Lehren der Kampfkünste ihren Lebensunterhalt zu bestreiten. Nach der Zeit des Kaisers K'ang hsi wurde der Tempel wieder aufgebaut. In den neuen Gebäuden entstanden an den Wänden zahlreiche Fresken, durch die die geschichtliche Vergangenheit und die Tradition des Tempels dargestellt werden sollte. Dank ihnen ist es heute möglich, in die Zusammenhänge jener längst vergangenen Zeit einzusehen. Die Kampfkünste spielen dabei eine bedeutende Rolle. Sie zeugen von einer jahrtausendealten Tradition im Shaolin und ermöglichen einen Rückblick zu den geschichtlichen Anfängen.

Die Geschichte des Shaolin endete jäh im Jahre 1928, als der Tempel dem Streit zweier mächtiger Kriegsherren zum Opfer fiel. Fang Chung-hsueh, von seinem Gegner bedrängt, zog sich in den Tempel zurück und erbat die Unterstützung der Mönche. Als er dort von General Hsi-Yousan angegriffen wurde, konnte er nicht standhalten und flüchtete zusammen mit einer großen Mehrheit der Mönche. Der General, erbost über den Widerstand des Shaolin, ließ den Tempel niederbrennen, und in den Flammen verschwanden die vielen buddhistischen Schriften und die geheimen Aufzeichnungen über die dort geübten Kampfkünste. Wieder einmal wurden wertvolle Zeugen alter Kultur und Tradition durch kurzsichtige Politik vernichtet.

Heute leben im Shaolin-Tempel nur noch einige alte Mönche. Es heißt, daß man in der Zukunft wieder junge Mönche dort ausbilden will. Doch wie auch immer, wird der Shaolin-Tempel, einst das bedeutendste Zentrum

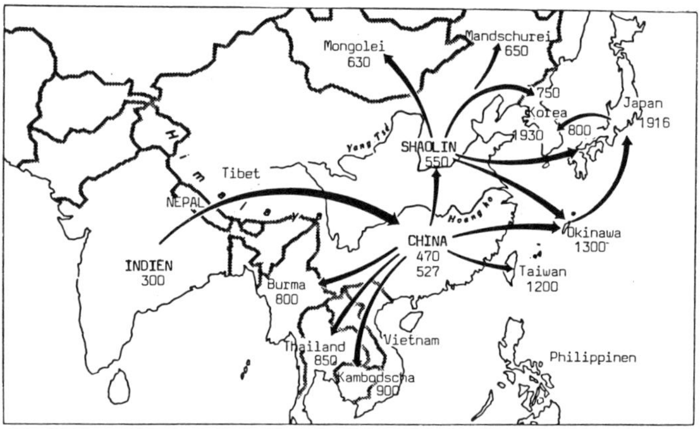

Die Verbreitung und gegenseitige Beeinflussung der Kampfkünste

asiatischer Kultur und gleichzeitig ein Opfer der Gewalt, nie mehr das sein können, was er einmal war.

Die Kampfkunst des Shaolin

Unter den vielen chinesischen Begriffen (der am meisten gebrauchte ist Ch'uan-fa), mit denen man im Mutterland die Kampfkünste zu bezeichnen pflegt, hat sich weltweit einer durchgesetzt: *Kung-fu* [4]. Obwohl diese Bezeichnung im eigentlichen nicht das trifft, was man in China unter Kampfkunst versteht (Kung-fu bezeichnet nur den körperlichen Aspekt der Kampfkunst), wird sie mittlerweile selbst in China gebraucht. Demzufolge versteht man unter der heutigen Bedeutung des Begriffes Kung-fu das ursprüngliche Kampfsystem Chinas. Mit Shaolin Kung-fu meint man also jene Kampfkunstsysteme, die mit ihren vielen Verzweigungen ihren Ursprung im Shaolin-Kloster haben oder mit den Shaolin-Systemen verwandt sind. Kung-fu ist jedoch ein moderner Begriff und wird für die chinesische Kampfkunst erst seit der Verbreitung der Kung-fu-Filme gebraucht.

Bodhidharmas Übungssystem geriet nach seinem Tod in Vergessenheit und wurde in der Zeit der mongolischen Yüan-Dynastie (1260 - 1368) von Chueh Yuan, Priester im Shaolin, wieder aufgefrischt. Die Shaolin-Tempel (inzwischen gab es mehrere Unterklöster) gewannen zu jener Zeit sehr an Macht und verbreiteten sich beständig in den Bergen von Honan. Das System wurde von Chuch Yuan und den Boxmeistern Li und Pai Yu-feng erweitert und in den Tempeln verbreitet. Während der Ming-Dynastie wurde in den Shaolin-Klöstern auch der Gebrauch von Waffen gelehrt (chin. Waffenkunst Mo-hay), insbesondere Schwert, Messer, Lanze und Stock. Kurz darauf stürzten die Mandschu-Tataren die Ming-Dynastie, zerstörten die meisten Klöster und töteten viele Mönche. Die wenigen, die fliehen konnten, sorgten für das Überleben des Shaolin Kung-fu.

Nach der heute gängigsten Systematisierung steht das Shaolin-Kung-fu repräsentativ für alle Schulen aus der äußeren (harten) Richtung (Wai-chia). Diese Schulen, stark beeinflußt durch zen-buddhistische Methoden, unterteilt man erneut in die südlichen und in die nördlichen Stile. Die wichtigsten Systeme sind seit dem 18. Jh. vier Schulen, die im Kantonesischen als *Hung-gar, Mo-gar, Choi-gar* und *Li-gar* bezeichnet werden. Zwischen dem 12. und 14. Jahrhundert soll sich, beeinflußt durch die taoistischen[5] Praktiken des Ch'i-kung, eine Richtung abgesplittert haben, die später als die inneren (weichen) Systeme bekannt wurde. Diese Theorie ist jedoch nicht wirklich belegt, zumal es in der Geschichte der chinesischen Kampfkünste viele Ungereimtheiten gibt, die noch einer Erklärung bedürfen.

Die Geschichte der chinesischen Kampfkünste ist noch zu wenig erforscht, um den Ursprung der Kampfkunst mit Sicherheit im Shaolin-Kloster und in der Lehre Bodhidharmas annehmen zu können. Neben dieser heute wohl verbreitetsten und gängigsten Meinung gibt es jedoch noch viele andere Theorien, die mindestens ebenso glaubwürdig sind wie die Shaolin-Geschichte und den Ursprung der Kampfkünste in den taoistischen Ch'i-kung[6]-Übungen vermuten. Viele traditionelle Meister Chinas gehen von dieser Theorie aus. So z. B. glaubt Meister Hung aus dem chinesischen Hsing-i[7], daß es bereits vor dem Erscheinen Bodhidharmas im Shaolin-Kloster chinesische Kampfkunstsysteme gab, die sich in den taoistischen Schulen begründeten. Er bezeichnet den Ursprung aller Schulen in den chinesischen Atemmethoden (Ch'i chikung[8]) des Taoismus, die durch ihre Praktiken bezweckten, das Leben zu verlängern oder die Unsterblichkeit zu erreichen.

In den taoistischen Klöstern vor und während Bodhidharmas Zeit begründeten sich Bewegungsschulen mit spezifisch taoistischen Inhalten, die sich allmählich in Kampfkunstsysteme zu verwandeln begannen. Die Bewegungen waren eng mit den taoistischen Atmungsmethoden verbunden, ganz im besonderen mit der Bauchatmung, durch die man versuchte, einen kontrollierten Fluß der vitalen und geistigen Energie zu erreichen und durch Atmungs- und Spannungsmethoden den Menschen gesund zu erhalten. Dementsprechend waren dies Schulen, die man heute als innere Systeme bezeichnen würde. Dies steht im krassen Widerspruch zu der Theorie, daß die inneren Schulen sich vom buddhistischen Shaolin ableiten.

Als Bodhidharma kam, begründete er im Shaolin tatsächlich ein Bewegungssystem, das sich jedoch auf den Zen-Atmungsmethoden[9] begründete. Doch dieses System war buddhistisch und hatte andere Inhalte als die taoistischen Richtungen. Die taoistischen Systeme (Ch'i-kung) bildeten schon lange davor Lehrer aus, die neben anderen Praktiken auch die Kampfkünste zu ihren Zwecken benutzten. Unabhängig davon jedoch entwickelte sich auch im Shaolin eine Kampfkunsttradition, die nicht nur, wie heute behauptet, die Grundlage für die äußeren, sondern ebenfalls für die inneren Systeme war.

Sowohl die Schulen des Shaolin wie auch die der taoistischen Strömungen (Wu-tang, O-mei, Chung-nan u.a.) kannten fortgeschrittene Atemtechniken. Darin konzentrierte man sich auf Tan-t'ien[10] (jap. tanden, untere Bauchgegend), um über die Erfahrung in der Atmung das Ch'i[11] (jap. Ki, vitale Energie) beherrschen zu lernen. Diese Übungen waren sehr schwierig und ohne die Aspekte der Geistlenkung und Geisteserziehung aus dem Taoismus oder dem Zen überhaupt nicht durchführbar. Im Shaolin war es zweifellos Bodhidharmas Verdienst, daß diesen Atem- und Bewegungsübungen noch einige wichtige philosophische Attribute hinzugefügt wurden, die bis heute als Leitsätze für den Geist in den Kampfkünsten erhalten geblieben sind. So prägte er den Begriff »Wu-te« (Kampfkunsttugend oder Kampfkunstdisziplin), der sich später in die ethischen Verhaltensregeln (Dojokun[12]) der Schüler in den Kampfkünste umwandelte.

Laut einer anderen Theorie entstanden die heute bekannten äußeren Schulen außerhalb der durch die Atempraktiken geprägten Strömungen, und zwar als reine Körpersysteme für den Kampf. Als die Mandschus die Ming-Dynastie angriffen, gab es unter den esoterischen Meistern der Kampfkünste viele Patrioten, die hartnäckig gegen die Besetzer kämpften. Um diesen Kampf führen zu können, hatten sie nicht die Zeit, ihre Schüler auf dem richtigen Weg (als richtiger Weg wird der innere Weg bezeichnet) der Kampfkünste auszubilden, der eng mit den taoistischen Ch'i-kung-Methoden und -Philosophien zusammenhing. Sie ersetzten diese schwierigen Übungen durch die oberflächliche Lungenatmung, ließen die philosophische Lehre einfach weg und konzentrierten sich ausschließlich auf die Kampfausbildung. Dadurch konnten sie die Ausbildungszeit von zehn Jahren auf weniger als drei Jahre verkürzen. Die oberflächliche Atemtechnik ist im Kampf recht effektiv anzuwenden, verbraucht jedoch zu viel Energie und bewirkt nicht mehr die Kontrolle des Ch'i. Auch entfallen die therapeutischen Wirkungen des Bewegungssystems. Auch im Shaolin begann man zu jener Zeit diese rein kampfbezogenen Techniken zu unterrichten. Doch damit wurden keine Meister der Kampfkünste, sondern einfach nur Soldaten ausgebildet, die gegen die Mandschus eingesetzt wurden.

Diese Theorie bezeichnet die weichen oder inneren Systeme als den eigentlichen Ursprung der chinesischen Kampfkünste. Die äußeren Systeme begründeten sich auf praktische Zwecke im Kampf gegen die Mandschus. Das Wesen der inneren Systeme ist das Erhalten und das Beherrschen des Ch'i (Ki) über Bewegungsperfektion und Atmung. Die wichtigsten Systeme der inneren Schulen sind Hsing-i, Pa-kua und T'ai-chi Ch'uan.

Die chinesischen Systeme

Die chinesische Kampfkunst »Ch'uan-fa« (im Mandarin-Chinesisch Kung-fu, im Kantonesisch Ken-fat und im Japanischen Kempo) bedeutet in der Übersetzung »harte Arbeit« oder »Übung«. In China wird auch der Begriff Kuo-shu[13] gebraucht.

Der Ursprung der chinesischen Kampfkunst wird, wie bereits erwähnt, dem indischen Mönch Bodhidharma zugeschrieben, der etwa im Jahre 520 nach China kam und sich im Tempel Shaolin niederließ. Er lehrte dort eine indische Kampfkunst (Vajramushti), die er Shi-pa Lo-hansho (die 18 Hände der Lo-han) nannte. Diese 18 gymnastischen Boxübungen werden als die Grundlage aller sich nachher entwickelnden Systeme angesehen.

Nach Bodhidharmas Tod wurden die Lo-han von Ch'ueh Yuan, einem weiteren Priester des Shaolin, aufgenommen und auf 72 Bewegungen erweitert. Er und zwei weitere Boxmeister (Pai-yu Feng und Li), bauten die Bewegungen auf eine Anzahl von 170 aus. Den besten Bewegungen gaben sie Tiernamen wie Drache, Tiger, Kranich, Schlange usw.

Danach begannen sich über die Nebenklöster des Shaolin mehrere Stile zu entwickeln, die sich durch ihre Charakteristiken immer mehr voneinander unterschieden. Diese Stile ordnete man zwei Überbegriffen zu (*Wai-chia* — äußere Schule und *Nei-chia* — innere Schule).

Die heutigen *äußeren (harten) Systeme* (Wai-chia)

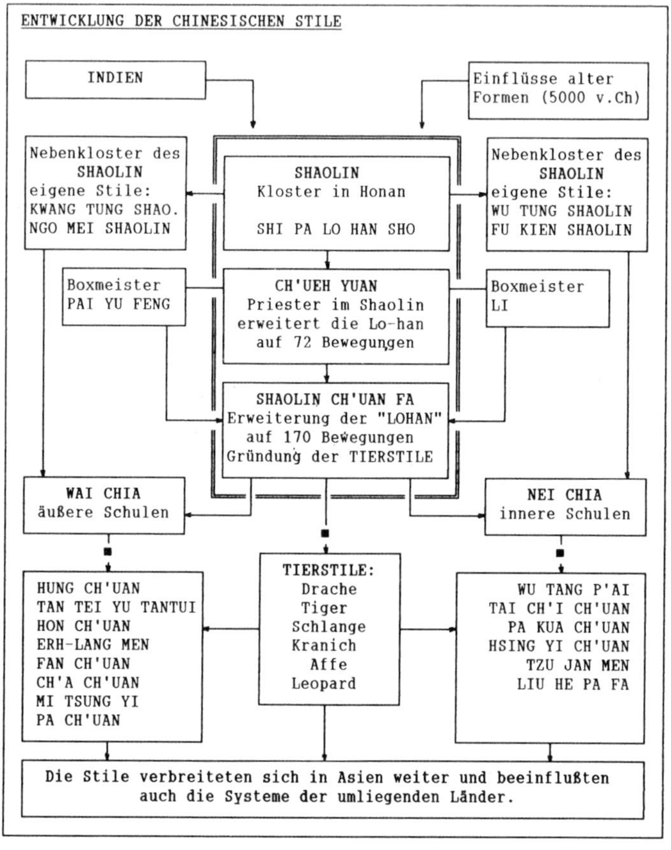
ENTWICKLUNG DER CHINESISCHEN STILE
INDIEN
Einflüsse alter Formen (5000 v.Ch)
Nebenkloster des SHAOLIN eigene Stile: KWANG TUNG SHAO. NGO MEI SHAOLIN
SHAOLIN Kloster in Honan
SHI PA LO HAN SHO
Nebenkloster des SHAOLIN eigene Stile: WU TUNG SHAOLIN FU KIEN SHAOLIN
Boxmeister PAI YU FENG
CH'UEH YUAN Priester im Shaolin erweitert die Lo-han auf 72 Bewegungen
Boxmeister LI
SHAOLIN CH'UAN FA Erweiterung der "LOHAN" auf 170 Bewegungen Gründung der TIERSTILE
WAI CHIA äußere Schulen
NEI CHIA innere Schulen
HUNG CH'UAN
TAN TEI YU TANTUI
HON CH'UAN
ERH-LANG MEN
FAN CH'UAN
CH'A CH'UAN
MI TSUNG YI
PA CH'UAN
TIERSTILE: Drache Tiger Schlange Kranich Affe Leopard
WU TANG P'AI
TAI CH'I CH'UAN
PA KUA CH'UAN
HSING YI CH'UAN
TZU JAN MEN
LIU HE PA FA
Die Stile verbreiteten sich in Asien weiter und beeinflußten auch die Systeme der umliegenden Länder.

stehen repräsentativ für das im Shaolin-shu ursprünglich entwickelte Konzept. Nach ihrer Entstehung teilten sie sich in die *nördlichen Schulen* und in die *südlichen Schulen*. Bezeichnend für die nördlichen Schulen (Bein des Nordens) sind höhere Stellungen, schnelle Stoß- und Schlagtechniken, hohe Fußtritte, Sprünge und flüssige Bewegungen. Die südlichen Schulen (Boot des Südens) bevorzugen Fausttechniken und festere Stände. Heute enthält das Waichia viele Stile. Ursprünglich teilte man es in 8 große Schulen: Hung-Ch'uan, Tan-Tei-Yu-Tan-Tui, Hon-Ch'uan, Erh-Lang Men, Fan-Ch'uan, Ch'a-Ch'uan, Mi-Tsung Yi und Pa-Ch'uan. Die okinawanischen Stile des Shorin-ryu wurden hauptsächlich von diesem System beeinflußt.

Die *inneren (weichen) Systeme* (Nei-chia) haben sich laut einer unbestätigten Theorie später aus dem Shaolinshu abgeleitet und pflegen nach wie vor eine enge Verbindung zum Taoismus. Sie zeichnen sich vor allem durch sehr kraftvolle tiefe Stellungen und weniger dynamische Bewegungen aus. Ihr höchstes Prinzip ist die Entwicklung von Ch'i (Ki), eine Art vitaler Kraft, die durch den Einklang zwischen Geist und Körper zugelassen werden kann. Ihr Ursprung begründet sich in der taoistischen Philosophie. Über die Meister Yara, Higashionna, Miyagi und Uechi beeinflußten sie die okinawanischen Schulen des Shorei-ryu.

Chinas innere Systeme sind bis heute wettbewerbsfrei. Sie pflegen eine tiefe Verbindung zur traditionellen chinesischen Philosophie, obwohl sie inzwischen sehr populär sind. Es gibt heute viele Stile des Nei-chia, von denen jedoch Hsing-i, Pa-kua und T'ai-chi Ch'uan führend sind. Ursprünglich waren es 6 große Schulen: Wu-Tang P'ai, T'ai-chi Ch'uan, Pa-kua Ch'uan, Hsing-i Ch'uan, Tzu-Jan Men und Liu-He Pa Fa.

In China kennt man ein altes Sprichwort, das besagt: »Alle Kampfkünste unter der Sonne begannen im Shaolin.« Dies ist natürlich eine große Übertreibung, obwohl sie ein Stückchen Wahrheit enthält. China ist ein sehr großes Land mit vielen territorial bedingten kulturellen Strömungen über einige Jahrtausende hinweg, von denen man weder sagen kann, sie hätten sich isoliert entwickelt noch sie hätten sich gegenseitig beeinflußt. Beides ist der Fall. Die chinesische Kultur ist ein Gefüge von Zusammenhängen, in denen die Einzelheiten isoliert betrachtet falsch sind, wenn man den Zusammenhang übersieht.

Wenn man daher heute behauptet, daß die Kampfkünste im Shaolin-Tempel begannen, ist dies wahr und unwahr zugleich. In dem riesigen Land, in dem es zur Zeit Bodhidharmas unzählige Strömungen gab, ist der Shaolin-Tempel mit seiner Kampfkunstkultur heute vielleicht nur ein Körnchen unter vielen, das jedoch im Gegensatz zu anderen von den Geschichtsforschern gefunden wurde. Zweifellos spielte das Shaolin-Kloster in der Entwicklung der Kampfkünste eine besondere Rolle. Doch es ist übertrieben zu sagen, daß es der Entstehungsort aller Kampfkünste war.

Heute gibt es in China mehr als 400 Stile, und es ist sicher, daß sie nicht alle ins Shaolin-Kloster zurückführen. Wahrscheinlich ist, daß ihre Entwicklung auf irgendeine Weise im Laufe der Jahrhunderte mit dem Kloster in Berührung kam, denn kurz nach Bodhidharmas Tod entstand in vielen anderen Klöstern eine ähnliche Kampfkunsttradition. Solche Klöster wurden schlicht als Shaolin bezeichnet, doch es steht nicht fest, ob es sich hierbei um Unterkloster des Shaolin handelte oder ob diese Klöster selbständig waren. Die Geschichte der Kampfkünste ist an diesem Punkt sehr vage, und es gibt keine dokumentierten Beweise für eine solche Theorie. Die Kampfkünste haben einen gemeinsamen Punkt, der sich in der chinesischen Denkweise der damaligen Zeit finden läßt. Es ist jedoch sehr gewagt, sie auf einen gemeinsamen Zeitpunkt in der

Geschichte zurückzuführen oder ihren Ursprung auf einen bestimmten geographischen Ort festzulegen.

Wenn man heute von inneren und äußeren Schulen in den chinesischen Kampfkünsten spricht, verleitet dies besonders den in Kategorien denkenden westlichen Menschen zu glauben, es handle sich hier um zwei strikt voneinander abgegrenzte Systeme. Dabei muß man jedoch die Denkweise der Chinesen mit in Betracht ziehen, laut der »das eine immer Teil des anderen ist« (Yin-Yang-Theorie). So wie westliche Menschen zu denken gewohnt sind, kann man die chinesischen Systeme nicht verstehen. Sie sind alle auf eine intensive Weise miteinander verwandt, und die einzelne Schule ist nie ausschließlich eine Schule irgendeines Systems. Ebenso wie »innere« und »äußere« Schule gebraucht man die Begriffe »weiche« und »harte« Schule. Die Begriffe stehen für sich und bezeichnen zwei extreme Richtungen. Es ist möglich, daß das einzelne Kampfsystem sowohl zu der einen als auch zu der anderen Richtung gehört.

2. Der Weg nach Okinawa

Die Geschichte Okinawas

Vorgeschichte

Der Name »Okinawa« bedeutet wörtlich »ein Tau im offenen Meer«. Die schmale Insel liegt etwa in der Mitte einer langgestreckten Inselkette (Ryukyu), die sich von Japan im Norden bis fast zur Türschwelle Chinas im Süden ausdehnt. Die Inselkette besteht aus 140 Inseln, von denen nur 36 ständig bewohnt sind. Okinawa, der Entstehungsort des heutigen Karate, ist die Hauptinsel der Ryukyu-Inselkette im Pazifik.

Die Einwohner Okinawas sind für die Geschichtsforscher ein faszinierendes völkerkundliches Geheimnis. Viel deutet darauf hin, daß die ersten Bewohner der Insel Überlebende eines gestrandeten Schiffes waren. Danach kamen gelegentlich Einwanderer aus dem Süden Japans, die Haushaltsgegenstände, Haustiere, Werkzeuge und auch Kulturgegenstände mitbrachten. Da die heutigen Okinawaner eine Mischung aus verschiedenen Völkerrassen sind, glaubt man, daß zu diesen früheren Einwanderern Malayen, Mongolen und japanische Ainu (Ureinwohner Japans, heute ein isoliertes Volk auf der nördlichen Insel Hokkaido) gehörten. In den letzten zweitausend Jahren hat sich die okinawanische Rasse jedoch kaum mehr verändert, zumindest nicht vom Standpunkt ihrer völkerrassischen Zusammensetzung. Auch die heute hauptsächlich festzustellenden Grundzüge der Ryukyu-Kultur wurden bereits vor 2000 Jahren geprägt, erfuhren jedoch starke Einflüsse durch die Chinesen und ab dem 17. Jahrhundert durch die Japaner.

Bereits im 3. Jahrhundert v.Chr. gab es Kontakte mit dem Festland, wodurch starke Einflüsse, besonders aus

Südostasien, stattfanden. Die okinawanische Kultur ist dementsprechend eine bunte Mischung aus mehreren Elementen. Die äußere Erscheinung der Menschen ähnelt jedoch am meisten den Japanern.

Der Einfluß Chinas

Die ersten Kontakte mit China fanden während der Zeit der Sui-Dynastie statt (560 - 618). Dies geschah auf Veranlassung des chinesischen Kaisers Yang Chien, der

OKINAWA

die Geheimnisse des ewigen Lebens und die Verwandlung von Metall in Gold ergründen wollte. Zu diesem Zweck entsandte er eine Expedition, die nach dem Land der »glücklichen Unsterblichen«[14] suchen sollte, das der Sage nach irgendwo im Osten liegen sollte. Daraufhin gelangten die Chinesen auf die Ryukyu-Inseln. In chinesischen Dokumenten wird danach von den »Liu-ch'iu«-Inseln berichtet, wobei Ideogramme verwendet wurden, die im Japanischen ›Ryukyu‹ ausgesprochen werden.

Im 7. Jahrhundert erkannte China Japan offiziell als unabhängige politische Einheit an. Daraufhin entstand ein reger Handelsverkehr zwischen den beiden Ländern, während dem mehrere Gesandtschaften, bestehend aus Priestern, Soldaten und Beamten, als vermißt gemeldet wurden. Es liegt nahe, daß zumindest einige von ihnen Okinawa erreichten und damit einen erheblichen Einfluß auf die primitive Kultur Okinawas nahmen.

Im 7. und 8. Jahrhundert entstand ein reger Reiseverkehr zwischen Japan und Okinawa. Viele dieser Reisenden waren Mitglieder der japanischen Kriegerkaste (Samurai), kampfgewandte buddhistische Wanderpriester und Gelehrte. Es kamen auch chinesische Mönche und blieben in Okinawa. Man nimmt an, daß das chinesische Shaolin-Kung-fu wie auch verschiedene Kriegskünste aus Japan in dieser Zeit ihren Weg nach Okinawa fanden. Dafür jedoch gibt es keine konkreten Beweise.

Aus dieser Vorzeit gibt es in Okinawa noch keinen Hinweis auf eine Regierung oder eine herrschende Klasse, bis ein Mann namens *Shunten* ins Licht der Öffentlichkeit trat, der sich im Jahre 1287 selbst zum König der Insel einsetzte. Nach der Legende war Taetomo, ein berühmter japanischer Krieger des 12. Jahrhunderts und Mitglied des Minamoto-Clans, einem Rivalen in Japan unterlegen und daraufhin nach Okinawa geflohen. Er heiratete ein okinawanisches Mädchen, und sie bekamen einen Sohn, den sie Shunten nannten. Dieser Sohn sollte der erste einer neuen und fähigen Linie von Herrschern über die Ryukyu werden.

Vom Ende der T'ang-Dynastie bis zum Anfang der Ming-Periode (1368) lag 450 Jahre lang ein unerklärliches Schweigen über der Entwicklung der Kampfkünste auf den Ryukyu. Es gibt kein geschriebenes Material über dieses Thema und auch keine mündlichen Überlieferungen. Es steht lediglich fest, daß die chinesische Kampfkunst (Ch'uan-fa) zwischen der Sui- und der Ming-Periode (in einem Zeitraum von ungefähr 800 Jahren) nach Okinawa kam und von der dortigen Kultur aufgenommen wurde.

DIE CHINESISCHEN GESANDTEN AUF OKINAWA

JAHR	GESANDTER	OKINAWANISCHER KÖNIG
1372	-	Sato
1404	Shi Zhong	Bunei
1407	-	Shisho
1425	Cai Shan	Sho Hashi
1443	Yu Bian	Sho Chu
1447	Cheng Fu	Sho Shiken
1452	Giao Yi	Sho Kinfuku
1456	Yu Cheng	Sho Taikyu
1463	Pan Yong	Sho Toku
1473	Guan Rong	Sho En
1479	Dong Wong	Sho Shin
1534	Chen Kan	Sho Shin
1561	Guo Ru Ling	Sho Gen
1579	Xia Zi Yong	Sho Ei
1606	Xia Zi Yong	Sho Nei
1633	Du Shan Ce	Sho Ho
1663	Zhang Xue Li	Sho Shitsu
1683	Wang Ji	Sho Tei
1719	Hai Bao	Sho Kei
1756	Guan Kui	Sho Boku
1800	Zhao Wen Kai	Sho On
1803	Gi Kun	Sho Ko
1838	Lin Hong Nian	Sho Iku
1866	Zhao Xin	Sho Tai

Im Jahre 1372 erklärte sich König Sato von Okinawa freiwillig China tributpflichtig, wodurch sich die Seetore der Insel für einen verstärkten kulturellen Einfluß Chinas öffneten. Zu dieser Zeit bestand in Okinawa eine Selbstverteidigungsmethode, die man *Tode* nannte, und es ist anzunehmen, daß sie bereits zu jener Zeit von dem chinesischen Ch'uan-fa beeinflußt wurde. Mündliche Überlieferungen besagen, daß am Anfang des 14. Jahrhunderts auf Okinawa überall karateähnliche Künste geübt wurden. Diese Künste wurden stark von den chinesischen Gesandten angeregt, die der Ming-Kaiser Chu Yuen-Cheang ab dem Jahre 1372 in regelmäßigen Abständen von zwei Jahren nach Okinawa schickte. Bis 1866 kamen diese chinesischen Delegationen jedes zweite Jahr auf die Insel, auch nach der Invasion Okinawas durch den japanischen Satsuma-Clan im Jahre 1609. In der Ming-Periode (1368 - 1644) begann auch eine ständige Ansiedlung okinawanischer Auswanderer auf chinesischem Boden (König Sato ließ auf dem chinesischen Festland in der Provinz Fukien eine okinawanische Siedlung errichten, Ryukyu-kan, in der diejenigen Landsleute von ihm wohnen konnten, die in China studierten oder Handel betrieben). Dadurch kamen viele chinesische Kunstwerke und auch chinesische Gebräuche zu den Inseln zurück. In dieser Zeit entstand die große Verehrung der chinesischen Kultur durch die Okinawaner und auch die Überzeugung, daß alle Dinge, die von China kamen, den okinawanischen überlegen waren. Dieser Einfluß hielt 500 Jahre an.

1392, während der Regierungszeit von König Sato, begann eine plötzliche und intensive Auswanderungswelle von China nach Okinawa. Dies geschah auf Veranlassung des chinesischen Kaisers, der eine große Anzahl von Künstlern und Kaufleuten Okinawa zum Geschenk machen wollte. Diese Gruppe von Chinesen, die in Okinawa bald eine geschlossene Gemeinschaft bildete (sie siedelten sich in der Stadt Kume in der Nähe Nahas an), ist in der Geschichte als die »36 Familien« bekannt. Unter ihnen befanden sich viele Experten des chinesischen Ch'uan-fa.

Im Jahre 1429 wurde Okinawa zum Königreich unter der Führung des Königs Sho Hashi. Zu jener Zeit bestand Okinawa aus drei Fürstentümern: Chuzan, Hokuzan und Nanzan. Mitglieder seiner Familie wurden in den Fürstentümern eingesetzt, und die Namen wurden geändert: Chuzan in Nakagami, Hokuzan in Kunigami und Nanzan in Shimajiri. Der neue König festigte seine Macht, denn sein Ziel war, die okinawanische Bevölkerung aus ihrem existenzbedrohenden Elendszustand zu erlösen. Er lud chinesische Beamte ein und ließ sich von ihnen in Staatsangelegenheiten unterrichten. Sein erster Schritt war, Okinawas Handelsbeziehungen mit den umliegenden Ländern zu verbessern. Bald darauf entwickelten sich Shuri und Naha (die größten Städte des Landes) zu Verkehrszentren im Pazifik und begannen sehr gewinnbringend zu arbeiten. Die Wirkung des ausgedehnten Handels auf die Entwicklung des Karate blieb nicht aus, denn ganz plötzlich hatten die Menschen Okinawas Kontakt zu Arabern, Malayen, Indonesiern und Thailändern, die sich häufig in den Handelszentren aufhielten.

Durch den Sturz der Sho-Dynastie kam es zu einer Zeit voller politischer Unruhen. 1479 wurde jedoch eine neue Sho-Dynastie errichtet. Das erste, was der neue König Sho Shin unternahm, war das Verbot des Tragens von Schwertern, sowohl für Adelige als auch für Bauern. Er ordnete die Beschlagnahmung aller Waffen an und ließ sie in sein Schloß nach Shuri bringen. Durch seine Verordnung mußten ab sofort auch alle Mitglieder des okinawanischen Adels zusammen mit ihren Familien in der damaligen Hauptstadt Shuri leben. Dadurch erhoffte er sich eine bessere Kontrolle der Aufstände.

Nachdem König Sho Shin sein Volk entwaffnet hatte,

entstanden als Konsequenz zwei Schulen der Selbstverteidigung. Die erste, bekannt unter dem Namen *Tode*, wurde hauptsächlich von Mitgliedern des Adels entwickelt und ausgeübt. Die andere, bekannt als *Ryukyu Kobudo*, wurde zumeist von Bauern und Fischern entwickelt und gebrauchte einfache Geräte als wirkungsvolle Waffen. Beide entstanden unter strengster Geheimhaltung. Viele Geschichtsforscher sehen den Anlaß zur Entwicklung und Perfektionierung des Tode in diesem ersten Waffenverbot auf Okinawa, das später durch japanische Herrscher erneuert wurde. Diese Selbstverteidigungsmethoden waren jedoch reine Techniken und kannten nicht die chinesischen Methoden der Atmung, Energielenkung und Geisteskontrolle.

Vor 1600 ist nur wenig über die Kampfmethoden der leeren Hand bekannt. Man weiß jedoch, daß die Gründung offizieller chinesisch-okinawanischer Beziehungen 1372 den kulturellen Einfluß Chinas auf die Insel immens verstärkte. Dies öffnete die Tore für die Lehren des Ch'uan-fa, das viele Techniken und Kampfmethoden enthielt, wie sie von den chinesischen Mönchen des Shaolin bewahrt und entwickelt wurden. Viele japanische Historiker und auch okinawanische Karatemeister glauben jedoch, daß trotz dieser Beeinflussung durch das Ch'uan-fa und andere mächtige Einflüsse Chinas schließlich ein starkes eigenes Element in den Kampfkünsten auf Okinawa auftauchte. Von der Ryukyu-Kampfkunst Tode glaubt man zum Beispiel, daß es sich um eine rein einheimische Kampfkunst handelt, die auf den Ryukyu-Inseln, genauer gesagt auf Okinawa, entstand. Viele der Kampfmethoden mit der geschlossenen Faust oder mit der offenen Hand, wie sie heute in den okinawanischen Karatestilen geübt werden, sind eindeutig in den traditionellen und kulturellen Tänzen (Odori) der Ryukyu enthalten. Unter den Orientalisten, die die Geschichte der

Kampfkünste und die militärischen Aspekte der okinawanischen Kultur studiert haben, existiert die allgemeine Überzeugung, daß die chinesische Kunst Ch'uan-fa nur teilweise für die Entstehung des heutigen okinawanischen Karate verantwortlich ist[15].

Es gibt sehr wenige Dokumente über die Geschichte der chinesisch-okinawanischen Beziehungen. Solche Dokumente wurden oftmals zerstört, wenn ein neuer König in Okinawa an die Macht kam. So ist die mündliche Überlieferung von den Übenden der leeren Hand und des Kobudo oft die informativste und verläßlichste Quelle für historisches Wissen.

Die Invasion der Satsuma

Okinawa erblühte bis zum 16. Jahrhundert sowohl kulturell als auch wirtschaftlich. Das verhängnisvolle Datum der Insel war jedoch das Jahr 1609. Damals befand sich der bedeutende *Satsuma-Clan*[16] von Kyushu/Japan, der von der Shimazu-Familie angeführt wurde, im japanischen Bürgerkrieg (Schlacht von Sekigahara, 1600) auf der Seite der Verlierer. Der Tokugawa-Clan, der diesen Krieg gewann und danach bis zur Meiji-Restauration die japanischen Shogun[17] stellte, erlaubte den Satsuma, ihre Fürstengebiete zu behalten (als Tozama-Daimyo — Fürst von außerhalb). Wegen der möglichen Bedrohung jedoch, die von solchen Tozama-Daimyo immer ausging, behielt man die Satsuma im Auge. Eines Tages erließ die Regierung das sogenannte »Tokugawa-Dekret«, in dem den Satsuma erlaubt wurde, Okinawa zu erobern. 1609 beendete die Invasion der Satsuma die Unabhängigkeit Okinawas.

Japans Interesse an Okinawa geht bereits auf das 12. Jahrhundert zurück und begründet sich zum Teil darauf, daß der erste König Okinawas, Shunten, japanischer Abstammung war. Doch Japan begann in der Geschichte Okinawas erst ab 1451 eine Rolle zu spielen. Ab diesem Zeitpunkt mußten die Okinawaner den Japanern und den Chinesen Tribut zahlen. Okinawa, ohne militärische Macht, unterwarf sich den Forderungen beider Länder. Zwischen China und Japan gab es diesbezüglich kaum Konflikte, obgleich zwischen diesen Ländern eine uralte Rivalität bestand.

Erst im Jahre 1609, 158 Jahre nach Beginn der Tributzahlung, richtete Japan zum ersten Mal militärische Streitkräfte gegen Okinawa. Der Grund dafür war, daß die Tokugawa-Regierung dem Satsuma-Clan die Möglichkeit geben wollte, die Schande des verlorenen Krieges wieder abzuwaschen, und weil Japan die Okinawaner dafür bestrafen wollte, daß diese sie in ihrem erfolglosen China-Krieg nicht unterstützt hatten. Die Invasion der Satsuma auf Okinawa störte die Chinesen hingegen nur wenig. China wußte, daß es zur Zeit nicht in der Lage war, einen Krieg gegen Japan zu riskieren, zumal es in der vorausgegangenen Schlacht einen Großteil seiner Schiffe verloren hatte.

Nachdem der Satsuma-Clan Okinawa besetzt und unterworfen hatte, beanspruchte er gleichzeitig auch die Vorherrschaft über alle Ryukyu-Inseln. Der okinawanische König wurde festgenommen und als Geisel nach Japan gebracht. Die Einwohner Okinawas arbeiteten jedoch nur im allergeringsten Maß mit den Japanern zusammen, was zu harten Einschränkungen ihrer Freiheiten führte.

Eine ganze Reihe von beschränkenden Verordnungen, die von Iehisa Shimazu verkündet wurden, beinhalteten auch eine Erneuerung des alten Waffenverbotes. Dennoch gab es zahlreiche Zusammenstöße zwischen den japanischen Samurai und den Inselbewohnern. In jener Zeit fanden die Kampfkünste einen enormen Aufschwung. Verschiedene Ch'uan-fa-Gruppen und Tode-Gemeinschaften trafen sich in geheimen Konferenzen, und schließlich wurden die Stile zu einer gemeinsamen Front gegen den Feind zusammengeschlossen (1629). Dies hatte zur Folge, daß sich aus der Kombination zwischen Tode und Ch'uan-fa ein neuer Kampfstil entwickelte, der ganz einfach Te (Okinawa-te) genannt wurde. Das Ergebnis war ein völlig neues kämpferisches Konzept, dessen Ansatz auf der »echten« Anwendung beruhte. Das Te entwickelte tödlich effektive Methoden, die gegen die japanischen Unterdrücker angewendet wurden und schob vorerst die philosophischen Inhalte des Ch'uan-fa in den Hintergrund. Auch begann man den Gebrauch der verschiedenen Werkzeuge als Waffen zu intensivieren, und damit nahm auch die Entwicklung des Kobudo einen ungeheuren Aufschwung. Diese Entwicklung im 17. Jahrhundert ist der erste überlieferte Beweis für eine Kunst, die sich stark dem modernen Karate zu nähern begann. Das Okinawate läßt sich als eine Mittelstufe zwischen der Verbindung Tode/Ch'uan-fa und dem heutigen Karate bezeichnen.

Kurze Zeit darauf bildeten sich geheime Widerstandsgruppen mit einem ausgeprägten nationalen Geist (Kikotsu[18]), die ihren Sinn darin sahen, ihren gefangenen König zu befreien. Erst zwei Jahre nach der Invasion kam dieser wieder nach Okinawa zurück, nachdem ein Vertrag mit der Tokugawa-Regierung geschlossen worden war, der Okinawa als das Alleineigentum der Satsuma garantierte. Der König blieb jedoch auch auf Okinawa unter ständiger Bewachung und war in seinem Amt nur eine Marionette der Satsuma.

Auch zu dieser Zeit übte man das Okinawa-te unter strengster Geheimhaltung. Trotzdem jedoch wußte die Satsuma-Regierung, daß die Entwicklung der okinawanischen Kampfkunst eine starke Beeinträchtigung ihrer Macht bedeuten konnte. Daher wurde jeder Okinawaner, der sich in den bewaffneten oder unbewaffneten Künsten übte, gefangengenommen und schwer bestraft. Als die Herrscher jedoch merkten, daß sie dadurch die Entwicklung nicht stoppen konnten, belegten sie das ganze Land mit schweren Strafen. Zuerst wurden die Steuern erhöht. Die Beamten fanden immer neue Wege, von der Bevölkerung enorme Produktionsleistungen zu erzwingen, während für die Menschen nichts zum Leben übrig blieb. Die Okinawaner wurden im wahrsten Sinne des Wortes terrorisiert. Auf Yanaguni (einer Nebeninsel) z. B. gab es inmitten der Insel einen Gong, den die Satsuma-Samurai dann schlugen, wenn sie alle Inselbewohner zum Rapport antreten lassen wollten. Dann mußten die Bewohner so schnell es ging übers Feld zur Sammelstelle laufen, die man Isshoda nannte. Die Älteren und Kranken, die dies nicht mehr konnten, wurden getötet.

Am Strand der Nebeninsel Kubuwari gab es einen 3,60 m breiten Spalt in einem Felsen. Alle schwangeren Frauen mußten auf Anordnung der Satsuma darüberspringen. Diejenigen, die dies nicht schafften, stürzten dabei in den Tod. Die Bewohner waren gezwungen, äußerste Härten zu ertragen, um erhöhte Produktionen an Reis, Korn und anderen Waren zu erbringen, die die Satsuma forderten. Gleichzeitig mußten sie auch noch den Chinesen Tribut zahlen. Solche und viele andere Begebenheiten fanden zu jener Zeit auf der Insel statt.

So hatten die Okinawaner allen Grund, ihren Widerstand gegen die Satsuma aufrechtzuerhalten. Ihre wirkungsvollste Waffe dabei waren die zur absoluten Tödlichkeit perfektionierten Kampfkünste. Obwohl es niemals zu einem organisierten Kampf kam, gab es zu jeder Zeit und überall auf der Insel tätliche Auseinandersetzungen zwischen den Einwohnern und den Satsuma-Samurai. Das Te, das in diesen Auseinandersetzungen angewendet wurde, blieb von äußerster Geheimhaltung umgeben. In den ersten dreißig Jahren der Besetzung waren die

Kampfkünste und ihre Lehrer so geheim, daß es nur nahen Verwandten gelang, von einem Meister unterrichtet zu werden. Wären diese Meister bekannt geworden, hätte man sie mit dem Tod bestraft. In dieser Zeit wurde auch die geschriebene Chronik der okinawanischen Kampfkünste angehalten und erst um 1700 wieder aufgenommen. So blieb diese Zeit von fast 90 Jahren, in der der Grundstein des okinawanischen Te und Kobudo gelegt wurde, in der Geschichte des Landes praktisch inexistent.

Erst ab 1724 gibt es erneute Informationen über die Geschichte der okinawanischen Kampfkünste. Es hatte sich viel von der anfänglichen Spannung gelegt, wofür besonders König Sho Tei (1669 - 1709) verantwortlich zeichnete, obwohl auch er nur eine Marionette der Satsuma war. Doch er setzte es durch, daß erneut höhere Stellungen im Staat für Okinawaner zugänglich wurden. Außerdem hatten viele der Satsuma-Samurai okinawanische Frauen geheiratet, was zu einer Annäherung der Japaner und Okinawaner führte. Keineswegs jedoch gab es Freundschaft, sondern bestenfalls einen Waffenstillstand.

Zu jener Zeit bildeten sich drei führende Schulen: *Shuri-te, Naha-te* und *Tomari-te*. Sie entwickelten sich etwa zur gleichen Zeit, jedoch unter verschiedenen Bedingungen. Erst gegen Ende des Jahres 1700 wurden die Namen jener großen Meister bekannt, die die jeweiligen Stile vertraten und lehrten.

Die Stile aus Shuri (Shuri-te) und Tomari (Tomari-te) bezeichnete man als *Shorin-ryu*. Der erste Name, der genannt wird, ist der von Sakugawa aus Shuri. Ihm folgten in der Reihenfolge Sokon Matsumura, Yasutsune Itosu, Choshin Chibana, Chotoku Kyan, Ankichi Aragaki u. a. In Tomari lebten Kosaku Matsumora, Peichin Oyadomari u. a. Das Karate aus der Stadt Naha nannte man *Shorei-ryu* oder Naha-te. Die ersten bekannten Namen waren die von Kanryo Higashionna und Yara, danach kam Chojun Miyagi, der das Goju-ryu gründete.

Angliederung an Japan

In der Mitte des 19. Jahrhunderts erreichten Expeditionen aus dem Westen (Großbritannien, Frankreich, Niederlande und USA) die kleine Insel Okinawa. Noch immer kontrollierte der Satsuma-Clan die Geschicke des Landes. 1853 kam Kommodore Matthew Perry mit seiner Flotte nach Okinawa (Tomari). Er bot Freundschaft, Handel und Hilfe an, was die Satsuma erstmals gewährten.

1868 fand in Japan die Meiji-Restauration[19] statt, durch die der Shogun und der Kriegeradel (Samurai) die politische Macht verloren und die Regierungsgewalt wieder in die Hände des Kaisers gelangte. Daraufhin wurde Okinawa 1871 voll an Japan angegliedert. Der Ryukyu-König wurde abgesetzt und nach Japan gebracht, wo man ihm eine hohe Beamtenstellung und eine beträchtliche Pension anbot. Gleichzeitig endeten auch die jahrhundertelangen Tributzahlungen an China. Der japanische Kaiser wurde zum alleinigen Herrscher auf Okinawa ausgerufen, und damit endete die 259jährige Herrschaft der Satsuma. Trotzdem blieben die wichtigsten Regierungsposten in ihren Händen, aber all ihre früheren Edikte wurden durch den Kaiser aufgehoben.

Die japanische Regierung schickte nun Unterstützung nach Okinawa, um die Lebensbedingungen der Menschen zu verbessern. Ein umfassendes Erziehungs- und Unterrichtsprogramm in japanischer Sprache wurde eingeleitet. Das Land wurde industrialisiert und viele Einrichtungen modernisiert.

Im Jahre 1905 wurde Karate als offizieller Teil des Unterrichtes an den Schulen Okinawas eingeführt (durch

Meister Itosu). Wann der Begriff Okinawa-te durch Karate ersetzt wurde, ist nicht genau bekannt. Erst 1936 wurden die alten Ideogramme durch die neuen ausgetauscht.

Im Jahre 1921 brachte Meister Gichin Funakoshi zum ersten Mal das okinawanische Karate nach Japan. Danach kamen mehrere Meister Okinawas (Miyagi, Mabuni u. a.) nach Japan und gründeten ihre eigenen Stile. In den fünfziger Jahren begann durch die Gründung der Wettbewerbsorganisationen in Japan die weltweite Verbreitung des Karate als Sport.

3. Vom Tode zum Karate

Tode und Okinawa-te

Tode

Tode ist die Bezeichnung, die man auf Okinawa in frühester Zeit für die dort ausgeübten Selbstverteidigungstechniken gebrauchte. Man vermutet, daß diese mit dem später entstandenen Te (Okinawa-te) nur sehr wenig gemeinsam hatten, daß jedoch verschiedene kampfbezogene Praktiken dieser Methode in die spätere Kampfkunst Okinawas übernommen wurden (z. B. einige Techniken der geschlossenen Faust). Das Tode war in seiner Anfangszeit nur wenig systematisiert und im Unterschied zu den meisten anderen Kampfsystemen Asiens auch ohne jedwelchen philosophischen oder ethischen Inhalt. Es wurde als Technik der Selbstverteidigung ausgeübt und war weit davon entfernt, wie z. B. das chinesische Ch'uan-fa, eine Kunst (*Geido* — WEG der Künste) mit ethischem und therapeutischem Inhalt zu sein.

Im 14. Jahrhundert jedoch entstanden zwischen China und Okinawa intensive Handelsbeziehungen, und durch diese Verbindung gelangten die ersten antiken Formen der chinesischen Kata auf die Insel (wahrscheinlich entstand durch die Kata Passai der erste Einfluß des Ch'uan-fa auf das Tode). Als im Jahre 1429 der okinawanische König Sho Hashi den Besitz jeglicher Waffen verbot, war die Zeit gekommen, in der sich unter chinesischem Einfluß die Kampfmethode der leeren Hand auf Okinawa zu verändern begann. Dies war auch die Zeit, in der die Handhabung verschiedener landwirtschaftlicher Geräte zum Kampf entwickelt wurde, was zur Entstehung des okinawanischen Kobudo führte.

Das regelmäßige Kommen und Gehen verschiedener chinesischer Gesandten auf Okinawa führte anfangs im Tode zu einem unüberschaubaren Umfang an Kampftechniken aus verschiedenen chinesischen Richtungen. All diese eingeführten Techniken wurden zusammen mit den auf Okinawa geübten Methoden unter dem Begriff *Tode* zusammengefaßt. Darin bedeutet das ursprünglich chinesische Ideogramm »To« in der okinawanischen Sprache »T'ang-Dynastie«. Mit To bezeichnete man zu jener Zeit auf Okinawa alles, was aus China kam, und sogar das Land selbst.

»De« ist eine phonetische Veränderung von »Te« und bedeutet sowohl im Chinesischen als auch im Okinawanischen »Technik« (im Japanischen bedeutet »Te« »Hand«). Manchmal benutzte man als Abkürzung für die okinawanische Selbstverteidigung nur das »Te«, was schlicht und einfach »Technik« heißt und später zu der Bezeichnung Okinawa-te (Technik aus Okinawa) führte.

»Tode«, in der Übersetzung »Technik der T'ang« (die T'ang-Dynastie steht symbolisch für China) oder »Technik des Kontinents«, bezieht sich daher auf den chinesischen Kontinent, den großen Initiator der späteren okinawanischen Selbstverteidigung.

Okinawa-te

Okinawa-te ist die spätere Bezeichnung für die okinawanische Kampfkunst (ursprünglich Tode oder Te), die dann im 20. Jahrhundert in Karate umbenannt wurde. Das gesamte System teilte sich im 17. Jahrhundert in *Shorin-ryu* (Shuri-te und Tomari-te) und in *Shorei-ryu* (Naha-te). Diese ursprüngliche Kampfkunst war jedoch im Gegensatz zu dem heutigen Karate eine reine Methode der

Selbstverteidigung und unterschied sich erheblich von den später entstandenen japanischen Stilen (Shotokan-ryu, Wado-ryu, Shito-ryu, Goju-ryu u. a.).

Das Okinawa-te stand den Stilen des chinesischen Ch'uan-fa noch sehr nahe. Alle Fußtechniken richteten sich zur mittleren und unteren Stufe, wobei alles Spektakuläre als Risiko angesehen wurde (alle Fußtechniken, die in den Kata nicht enthalten sind, sind neueren Datums und wurden erst in Japan entwickelt. Ihr Sinn dient dem Wettbewerb, im okinawanischen Selbstverteidigungssystem wurden sie wegen des zu großen Risikos nicht geübt).

Auch die Trainingsmethoden zeigen vom Okinawa-te zum heutigen Wettkampf-Karate erhebliche Unterschiede. Während heute das Training der Techniken darauf ausgerichtet ist, Punkte im Wettkampf zu sammeln, betonte das Okinawa-te die Wirkung der Technik. Man übte nicht, um zu gewinnen, sondern um zu überleben. Das setzte voraus, daß der kämpferische Sinn der Technik nicht allein im Treffen des Gegners lag, sondern vielmehr in der Wirkung (Ikken-hissatsu). Die Techniken, die heute in den klassischen Kata vorkommen, können nur verstanden werden, wenn man sie unter diesem Blickpunkt betrachtet. Die meisten von ihnen sind im Wettkampf nicht zu gebrauchen, und dies führte dazu, daß im modernen Karate reine Körpertechniken (Shosa) entwickelt wurden, die natürlicherweise das gesamte Gefüge der alten Kunst veränderten.

Während das heutige Training der Technik darauf ausgerichtet ist, den Gegner durch Virtuosität in den Bewegungen und durch Schnelligkeit zu übertreffen, um dadurch »den Punkt« zu erzielen, interessierte es die Meister des Okinawa-te nur wenig, ob sie ihren Gegner treffen konnten. Viel wichtiger war es, die Kraft in der Technik des Gegners zu neutralisieren, um seinen Angriff zu überleben. Der Gegner griff mit Klingenwaffen oder anderen gefährlichen Waffen an und war meist ein kampferprobter Krieger (Samurai). Die Okinawaner hatten zu solchen Begegnungen nur ihre »leeren« Hände oder die zur Arbeit benötigten Geräte. Auf welche Weise war es möglich, einem solchen Angreifer zu begegnen und zu überleben ? Dies war die einzig wichtige Frage, und alles andere war Nebensache. Jede Bemühung in der Übung der Selbstverteidigung hatte zum Ziel, selbst tödliche Techniken zu entwickeln und andererseits von den Waffen des Gegners nicht getroffen zu werden oder den Körper so abzuhärten, daß er starke Schläge heil überstehen konnte. Diese Aspekte des Übens sind für die Selbstverteidigung unerläßlich, während sie für den sportlichen Wettbewerb, in dem es um Punkte geht, in den Hintergrund rücken. In der Selbstverteidigung gibt es keinen Sieger auf dem zweiten Platz.

Der nächste technische Unterschied zum heutigen Sport liegt im Umgang mit der Distanz. Im heutigen Wettkampf-Karate werden allgemein Distanzen akzeptiert, die für die Selbstverteidigung untauglich sind, weil die Risikobereitschaft für den Angriff, wie sie heute gelehrt wird, in der Selbstverteidigung tödlich sein kann. Im Okinawa-te wurden zumeist Techniken des Nahkampfes als Konter gelehrt (die halblangen Distanzen, aus denen heraus im Wettkampf gekontert wird, gewährleisten keine entscheidenden Techniken), die jedoch in Verbindung mit einem starken Stand ausgeführt wurden und kampfentscheidend sein mußten. Eine Fehleinschätzung bedeutete nicht den Verlust eines Punktes, sondern den Tod. Die Verbindung zwischen festem Stand und tödlicher Nahkampftechnik, während der eigene Körper durch verschiedene Praktiken des Trainings (Kake-dameshi[20]) unverwundbar gemacht wurde, war der eigentliche kämpferische Aspekt des Tode.

Der wichtigste kampfbezogene Aspekt des Okinawa-te war die Tödlichkeit seiner Techniken. Die Meister des Okinawa-te waren ganz im Gegensatz zu den Lehrern des Karate nicht bestrebt, virtuose Formen zu entwickeln, sondern ihr Interesse galt ausschließlich der Realität. Sie mußten überleben, und so mußten sie Mittel und Wege finden, sich gegen ihre übermächtigen Feinde verteidigen zu können. Die Methoden, mit denen sie dies vollbrachten, verschlüsselten sie unsichtbar für die Öffentlichkeit in ihren Kata. Doch diese kämpferischen Aspekte waren nicht der einzige Inhalt der alten Kampfkunst. Uns ist es heute durch die Kata möglich, die Techniken einer anderen Zeit zu erforschen, indem wir ihre richtige Interpretation in diesen Kata suchen. Wenn wir dies wirklich verstehen wollen, müssen wir in der Übung den ursprünglichen Sinn (Shimeijurasan[21]) jeder Technik erfassen. Leider ist die Interpretation der Kata heute von vielen Ausschweifungen verzerrt, da sie zu einer gymnastischen Kür geworden ist. Deshalb sollte man sich gut umsehen und die richtige Deutung suchen. Die Technik gibt erst dann, wenn sie von ihrem sinngemäßen Inhalt her zu ihrem Ursprung zurückverfolgt wird, dem Übenden jene Eigenheiten preis, durch die sie wirklich verstanden und angewendet werden kann.

Der erzieherische Wert der alten Kampfkünste besteht aus der in der Übung erwachsenden Fähigkeit des Menschen zu seinen Extremen, und nicht in der Ausübung eines Sportes. Durch die Entwicklung der Übung weg von den Extremen und hin zur lauen Mitte (das Spielen im Sport), wurde Karate als Kunst des Budo herabgewürdigt. Ohne die Entwicklung wirklicher Techniken und das Verständnis ihres umfassenden Inhalts verliert Karate seinen erzieherischen Wert. Aus der Sicht des Sportes ist dies nicht zu verstehen. Als Sport ist Karate nicht schlechter und nicht besser als jeder andere Sport auch. Das, was heute an ethischen, erzieherischen und therapeutischen Werten ins Sport-Karate hineinprojiziert wird, findet in der Art und Weise, wie es gelehrt wird, nicht seine Berechtigung.

Um diese Tendenzen zur Oberflächlichkeit in der Kampfkunstübung zu umgehen, wurden im okinawanischen Karate seit jeher die Kata als das Herz der Kampfkunst betrachtet und das Makiwara als seine Seele. Das tiefe Studium der Kata gibt Aufschluß über die innere Bedeutung der Technik (Kontrolle der Atmung, der vitalen Energie und des Geistes) und über ihre kämpferische Anwendung. Das Makiwara dient dazu, diese Technik zu einer tödlichen Waffe zu entwickeln, indem der Übende lernt, den Fluß der vitalen Energie (Ki) wirkungsvoll auf ein Ziel zu übertragen. Wenn eines der beiden fehlt, wird die Kampfkunst zur reinen Körpertechnik und in Anbetracht ihrer positiven Wirkung auf die Gesundheit und den Geist des Menschen bedeutungslos. Die korrekte Übung der Kampfkünste zeigt dem Menschen den Weg zur ganzheitlichen Selbstperfektion, doch dies schließt weit mehr ein als das Erlernen eines virtuosen Kampfstils. Dieser essentielle Punkt sollte von jedem ernsthaft Übenden überlegt werden, denn er bildet die Grundlagen zum Erlernen der Kampfkunst.

Das Makiwara dient nicht zur Entwicklung der körperlichen Kraft, sondern zum Studium des Kime. Kime ist die vitale Kraft, die der Übende durch das Studium der Kata kontrollieren und abrufen lernt. Um sie verstehen zu können, müssen viele hintergründige Inhalte des rechten Übens (Keiko [22]) berücksichtigt werden, die nicht in der äußeren, sondern in der inneren Struktur der Kampfkünste zu finden sind. Die Verbindung zwischen äußerer Form und innerem Sinn in den Kampfkünsten liegt nicht in der Technik, sondern allein im Menschen.

Reimyo-Tode

Die strenge Geheimhaltung, die jahrhundertelang wie ein undurchdringbarer Schleier über dem okinawanischen Tode lag, schob nicht nur den japanischen Interessen an dieser Kampfkunst einen Riegel vor, sondern auch den breiten Massen des okinawanischen Volkes, das zu den geheimgehaltenen Dojo der Lehrer des Tode ebensowenig Zugang fand wie die Satsuma-Samurai. Von der Invasion der Satsuma im Jahre 1609 bis zu dem Tag, als Meister Funakoshi das okinawanische Karate in Japan vorstellte (1921), waren die Japaner beständig dabei, den Schleier des Geheimnisses um die okinawanische Kampfkunst zu lüften. Es gelang ihnen nie.

Auf Okinawa wußte jeder um die Existenz dieser Kunst, kein Uneingeweihter jedoch kannte die Praxis oder die Lehrer. Das Tode wurde entweder innerhalb der Familien weitergegeben oder nur auf enge Vertraute übertragen. Die Kata, das Herz des Tode, wurden streng geheimgehalten, und es galt als Verrat, sie in der Öffentlichkeit zu zeigen. Selbst im Jahre 1905, als Meister Itosu die okinawanische Kampfkunst in den öffentlichen Schulen Okinawas einführte, gab es großen Protest von anderen Meistern. Dabei hatte er speziell dafür geeignete Kata gegründet (Pinan), die nur zur gymnastischen Übung und Gesunderhaltung gedacht waren und die kämpferischen Geheimnisse des Tode nicht preisgaben.

Durch viele Begegnungen zwischen Satsuma-Samurai und Meistern des Tode, die oft mit dem Tod des Samurai endeten, wußte das Volk um die ungeheure Wirkung dieser Kunst. Die einfachen Menschen konnten sich diese außergewöhnlichen Leistungen ihrer Meister nicht erklären, und so nannten sie die Kampfkunst »Reimyo-Tode« (wunderbare chinesische Kunst) oder »Shimpi-Tode« (geheimnisvolle chinesische Kunst).

Diese vom Volk gegründeten Bezeichnungen hatten jedoch auch einen weitführenden Hintergrund. Wenn man die Geschichte und die Genealogie (Keizu) des Karate betrachtet, ist festzustellen, daß das gesamte Kampfkunstgeschehen Okinawas immer zwei Seiten hatte: eine offiziell nach außen dargestellte, in der die optischen Aspekte der Kampfkunst mit unterstrichener Kampfkraft und Technik im Vordergrund standen, und eine geheime, nach innen gekehrte Seite, die nur wenigen Meistern zugänglich war. Die heutige Genealogie weist diese beiden Seiten nicht ersichtlich aus, sondern verfolgt eine Richtung, in der der Bekanntheitsgrad der Meister und die Stilgründungen ausschlaggebend sind. Dies ist jedoch nicht die Erbfolge, die durch das Menkyo-kaiden (Urkunde für die Nachfolge im Stil) stattgefunden hat.

In den traditionellen okinawanischen Kampfkünsten unterschieden die Meister ihre Schüler in *Soto-deshi* (äußerer Schüler) und in *Uchi-deshi* (innerer Schüler). Die Soto-deshi waren jene, die den Drang zur Öffentlichkeit und die körperliche Begabung zur physischen Leistung hatten, wärend die Uchi-deshi jene waren, die durch ihre lebenslange Treue zum Meister das Potential zur Erforschung der esoterischen Inhalte in der Kampfkunst besaßen.

Als die ersten Chinesen nach Okinawa kamen, brachten sie Kata mit, die entsprechend der chinesischen Lehre des Ch'i-kung voll von hintergründigen Inhalten waren, deren Bunkai (Analyse der Technik und Kampfstil) sicher verschlüsselt war und eine Entschlüsselung allein über den physischen Weg des Kampfes nicht erlaubte. Daran hat sich auch heute nichts geändert. Die praktisch veranlagten Okinawaner lernten diese Kata, doch das, was sie darin nicht verstanden, änderten sie entsprechend ihrer Sicht der Dinge um. So entstanden viele Formen, die sich mehr oder weniger von der inneren Lehre entfernten und physische Aspekte des Kämpfens in den Vordergrund stellten.

Die alten Meister, die den tieferen Sinn der Kata kannten, unterschieden nach diesem Maßstab ihre Schüler. Nach vielen Jahren der Übung wählten sie ihren Nachfolger (Uchi-deshi) unter jenen aus, die sich um die wahre innere Lehre bemühten. Ihm zeigten sie die korrekte Bedeutung der Bewegungen und erklärten ihre Wirkungen auf den eigenen Geist, auf die Gesundheit und den Fluß des Ki. Die Soto-deshi (äußere Schüler) mußten sich aus eigener Kraft um sinnvolles Sehen und Verstehen in der Kata bemühen und gleichzeitig durch tiefe Studien die wahre Lehre über die Kampfkunst erfassen. Manche von ihnen erschufen Stile, die den Uchi-Richtungen ebenbürtig waren, doch viele flachten in zusammenhanglose äußere Formen ab.

In der richtigen Deutung der Kata haben alle Bewegungen einen Sinn. Nicht immer sind die kämpferischen Deutungen richtig. Manchmal sind langsame Abwehrbewegungen nicht als Abwehrtechniken gedacht oder sanfte entspannte Bewegungen als passiv zu verstehen. Das richtige Kata Bunkai hat eine lange Geschichte, in der jede Bewegung eine innere Bedeutung hat und einen Sinn verfolgt. Die meisten Angriffstechniken zielen mit genau dosierter Kraft auf Vitalpunkte, sind auf die innere Verfassung und den Atemrhythmus des Gegners abgestimmt und können verheerende Wirkungen haben. Die langsamen Bewegungen haben verschiedene psychologische und gesundheitliche Aspekte, mit einem tiefen hintergründigen Wissen, das für Uneingeweihte nicht offensichtlich ist.

Das Volk konnte sich dies alles nicht erklären, und so entstanden die Begriffe Reimyo-Tode und Shimpi-Tode. Als Beispiel kann man sich die Geschichte der Kata Kushanku betrachten. Als Koshokun (der chinesische Überbringer der Kata) nach Okinawa kam, lehrte er seine Kushanku-Variante, die für die kraftgewohnten Okinawaner voller unverständlicher Ch'i-kung-Hintergründe war. Diese Form lehrte, ganz im Gegensatz zur Auffassung der Okinawaner von Kraft und Stärke, einer anderen Kraft im Menschen zu vertrauen (Ki), um seine Gegner zu besiegen. Sakugawa, ein Schüler Kushankus, konnte dies nicht verstehen und übertrug auf die Form sein altgewohntes physisches Konzept. Kushanku aber machte Yara zu seinem Uchi-deshi, der dank seiner chinesischen Ausbildung Zugang zu der inneren Lehre fand. So entwickelte sich die Soto-Linie der Kushanku-Kata über Sakugawa, Matsumura, Itosu usw., während die weit weniger bekannte Uchi-Linie über Yara, Kyan, Nagamine verläuft.

Jedoch auch die Soto-Linie bildete wieder eigene Abzweigungen, innerhalb derer es erneut Uchi-Linien gab. Entsprechend der Tiefe in der Betrachtung der einzelnen Meister entstanden über die Soto-Linien immer wieder gleichrangige Experten mit den Uchi-deshi. Dafür gibt es viele Beispiele. Itosu z. B. war der Anfang einer Uchi-Linie, die sich über Chibana fortsetzte, Miyagi war ein Soto-deshi Higashionnas (Uchi-deshi war Kyohatsu Kyoda) und gründete seine eigene Uchi-Linie, usw.

Die heutigen etablierten sportlichen Systeme des Karate sind zumeist Soto-Linien und beinhalten keine inneren Aspekte. Sie lehren ein verändertes Kata Bunkai, das auf die sportliche Anwendung der Techniken abgestimmt ist. Diese Bunkai-Formen wurden als rein formelle Aspekte des Kämpfens gegründet, wodurch die Techniken ihre innere Bedeutung verloren. Ohne erneute tiefgreifende Überlegungen führen sie nicht in das wahre Verständnis der Kampfkunst.

Wie bereits erwähnt, gab es in den klassischen okinawanischen Kampfkünsten zwei Erben des Meisters: den inneren Schüler (Uchi-deshi) und den äußeren Schüler (Soto-deshi). Für die Öffentlichkeit war der Soto-deshi immer der einzige sichtbare Nachfolger. Ihm gehörte die Anerkennung der Menschen und der Ruhm der Öffentlichkeit. Er vertrat den Stil nach außen, d. h. er vertrat die technischen Aspekte der Kampfkunst. Diese Unterscheidung ist identisch mit den Begriffen Omote und Okuden[23] aus dem japanischen Bu-jutsu.

Doch die äußere Kampfkunst und die innere Lehre über den Stil waren weder in Japan noch in Okinawa das gleiche. Darin gab es grundlegende Unterschiede (z. B. in der Interpretation der Kata), die der Meister, erst wenn er sich von der Ernsthaftigkeit eines Schülers überzeugt hatte, an ihn weitergab. Zu seinem inneren Nachfolger wählte er immer seinen treuesten Schüler aus, dem er nach langer Zeit des Zusammenseins die Wege zu den Hintergründen der Kampfkunst öffnete. Dieser war der wirkliche Erbe des Stils, doch der Uchi-deshi bliebt fast immer im Hintergrund und war der Öffentlichkeit nur selten bekannt. Er war der Verwahrer der esoterischen (hintergründigen) Lehre des Stils und unterrichtete, gleich seinem Meister, nur wenige Schüler darin.

So ist z. B. auch heute die richtige Interpretation der Kata mit detaillierten Erklärungen über den arbeitsintensiven, therapeutischen und in diesem Sinne kampfbezogenen Aspekt ausschließlich eine Sache des Uchi-deshi. In den äußeren Schulen wurden diese eigentlichen Inhalte der Kampfkunst nur sehr oberflächlich behandelt und beinhalteten meist einen rein formellen Bewegungsaspekt. Dennoch haben manche Soto-deshi im Laufe der Zeit eigene Uchi-Linien aufgebaut, die den traditionellen

Uchi-Linien ebenbürtig waren (z. B. Matsumura — Itosu — Chibana oder die Goju-Linie über Miyagi).

Durch die korrekte Lehre der Kata können die optisch unscheinbaren Bewegungen in einem hohen Maß wirkungsvoll sein. So können z. B. Abwehrtechniken zu schweren Verletzungen führen, wenn sie bestimmte Vitalpunkte (Tsubo) treffen, die auf Akupunkturmeridianen liegen. Andere Bewegungen in den Kata sind dazu erdacht, solche Wirkungen zu neutralisieren. Sie sollen die Energiezentren des Übenden durch verschiedene Konzentrations- und Atemmethoden wieder aufladen oder entspannen. Oft sind es diejenigen Bewegungen, die aus rein sportlicher Sicht »nutzlos« erscheinen und deshalb in den weniger fundierten Soto-Linien keine Anwendung finden. Dies liegt jedoch daran, daß viele Lehrer der Soto-Linien nicht in der Lage sind, ihren Sinn zu erklären, und so verkümmern sie in den äußeren Schulen oder werden ganz weggelassen, weshalb heute viele Kata durch die Lehrer der äußeren Schulen rhythmusmäßig beschleunigt, verkürzt oder verändert werden.

»Uchi« bezeichnet auch das »Innere des Hauses«. Das bedeutet, daß der Uchi-deshi jederzeit Zugang zu der Privatsphäre des Meisters hatte und dadurch Einblick in sein Alltagsleben und in seine Gewohnheiten gewann. Dies ist zum wahren Verständnis der Kampfkunst auch heute noch eine außergewöhnlich wichtige Voraussetzung, wenn die Lehrer-Schüler-Beziehung (Shitei) gesund ist und es sich um das Übermitteln der richtigen Lehre (Oshi) handelt. Doch kein Meister gewährt einem unwürdigen Schüler Einblick in seine Privatsphäre, d. h. daß der Zugang zum Erlernen des richtigen Karate immer durch den eigenen Charakter führt. Der Schüler selbst muß die Wichtigkeit einer solchen Verbindung erkennen und sie sich über eine lange Zeit hinweg verdienen.

»Soto« bezeichnet in der japanischen Sprache das »Äußere«. Es ist die Bezeichnung für alle diejenigen Schüler, die in den Kampfkünsten auf irgendeine Weise eigennützige Zwecke verfolgen, sich selbst in den Vordergund stellen und, wie so oft in der Geschichte der Kampfkünste, mit ihrem technischen Können Karriere machen wollen. Sie verstehen die große Bedeutung der menschlichen Bindung gegenüber der Kunst und dem Lehrer, der Loyalität (Chugi) gegenüber der Gemeinschaft und die Hingabe an das Ideal nicht wirklich. Sie gehen zu einem Lehrer, um seine Kunst zu lernen, wie man in eine Schule geht, um einen Abschluß zu machen. Manchmal denken sie, daß sie dann, wenn sie genug erhalten haben, ihren eigenen Weg gehen werden. Mit dieser Haltung bleibt das Verständnis über die Kampfkunst aus, denn kein Lehrer wird solche Schüler wirklich unterrichten. Außerdem entwickelt sich die Kunst des Meisters beständig weiter und erreicht ihren Höhepunkt erst dann, wenn er selbst alt geworden ist. An dieser Erfahrung haben die Soto-deshi nicht teil, weil sie statt dem inneren Wert jenen Weg suchen, der sie berühmt macht. Sie teilen ihren Weg auch nicht mit anderen, sondern stehen mit ihren Mitübenden in technischer Konkurrenz um die ersten Plätze. Wegen ihres Mangels an Bescheidenheit und Demut (Makoto[24]) sind sie nicht zum Uchi-deshi fähig.

Die okinawanische Kampfkunst heute

Im Jahre 1956 wurde als Antwort auf die japanische weltweite Expansion des Karate als Wettkampf in Okinawa eine Federation der traditionellen Kampfkünste gegründet. Diese Organisation (mit Präsidenten in Reihenfolge: Choshin Chibana, Kensei Kanashiro, Kanbun Uechi, Seitoku Higa und Shoshin Nagamine) erstrebte den Zusammenschluß aller traditionell orientierten okinawanischen Meister, um den wahren Geist der Kampfkunst zu erhalten. Es wurde jedoch nie wirklich Einigkeit erzielt, weil die alten okinawanischen Großmeister nach wie vor ihren eigenen Weg gehen und sich in einem zentralen System der Kampfkünste nur schwer zurechtfinden.

Diese Umstände führten dazu, daß das okinawanische Karate mit all seinen traditionellen Inhalten von dem

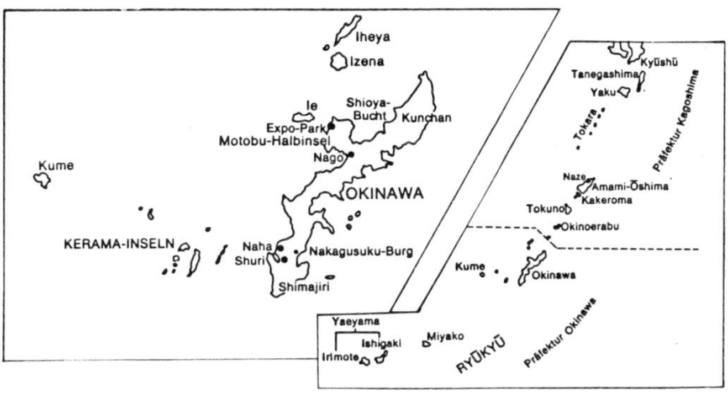

Okinawa ist die Hauptinsel des Ryukyu-Archipels. Die Bezeichnung ›Ryukyu‹ stammt von einem unabhängigen Königreich mit dem Zentrum auf Okinawa, das Shunten 1186 stürzte und sich selbst zum König ernannte. Danach teilten sich die Ryukyu in drei Königreiche, wurden jedoch im Jahre 1407 erneut unter der Sho-Dynastie vereinigt. Im 15. Jahrhundert dehnte die Sho-Dynastie ihre Herrschaft auf alle Inseln des Ryukyu-Archipels aus und erblühte durch einen weitgespannten Überseehandel. 1609 wurde Okinawa von den Japanern erobert und erlebte in den folgenden dreihundert Jahren eine schreckliche Zeit der Ausbeutung und Tyrannei. 1945, als die Amerikaner die japanische Armee auf Okinawa vernichtend schlugen, wurde Okinawa zum amerikanischen Stützpunkt, kehrte jedoch 1972 als Präfektur Okinawa erneut in den japanischen Staatsverband zurück. Die starke amerikanische Militäranwesenheit auf Okinawa hält jedoch weiterhin an und ist Anstoß für heftige soziale und ideologische Auseinandersetzungen.

marktorientierten japanischen Wettbewerbskarate weltweit überflügelt wurde. Zu lange ignorierte diese Organisation die japanische Geschäftstüchtigkeit, und heute muß sie, obwohl sie im Besitz der wirklichen Werte und Inhalte des Karate ist, machtlos zusehen, wie aus ihrer einst so edlen Kunst eine lächerliche Parodie für die Massen geworden ist. Deshalb herrscht bezüglich der von den okinawanischen Großmeistern gewählten Wege Uneinigkeit zwischen den Jungen und den Alten. Manche jungen Meister stellen heute die herkömmliche Politik in Frage und neigen wie auch die Japaner dazu, statt der Erhaltung der Tradition den Verbreitungserfolg zu wählen. Die weitere Entwicklung der okinawanischen Richtungen ist abzuwarten.

In der Karate Kobudo Renmei sind alle traditionellen Richtungen des okinawanischen Karate organisiert. Jeder Stil hat seinen Großmeister und ausschließlich eigene Entscheidungsrechte. Die Hierarchie der Meister entspricht der alten herkömmlichen Tradition. Die Kunst wird vom Meister an den besten Schüler vererbt, die Erlaubnis zum Unterrichten erteilt nur der Meister. Meister Funakoshis Graduierungssystem (Dan) wurde übernommen, höhere Graduierungen als der 4. Dan werden jedoch nicht anerkannt, wenn sie nicht von den Meistern der Vereinigung selbst verliehen wurden.

Das Einteilungssystem des klassischen okinawanischen Karate erfolgt nach wie vor nach der herkömmlichen Methode: *Shorin-ryu* (Shuri-te und Tomari-te) und *Shorei-ryu* (Naha-te). Nachstehend sind die traditionellen Stile aufgeführt.

Die meisten anderen okinawanischen Stile (*Tozan-ryu, Isshin-ryu, Chito-ryu* u. a.) suchen mehr oder weniger den Anschluß an die japanische Verbreitungsmethode. In Okinawa gibt es außer der Karate Kobudo Renmei noch ungefähr zehn Verbände, die ihre Verbreitungspolitik

DIE OKINAWANISCHEN STILE	
■ SHURI-TE	- Sukunai Hayashi Shorin-ryu - Kobayashi Shorin-ryu
■ NAHA-TE	- Goju-ryu - Uechi-ryu
■ TOMARI-TE	- Matsubayashi Shorin-ryu

mit unterschiedlichen Methoden praktizieren. Außerdem wurden viele moderne Stile entwickelt (z. B. *Mushindo-ryu, Seibukan* u. a.), die aus der Tradition der alten Meister ausgebrochen sind. Auch gibt es in den Städten Okinawas viele japanische und amerikanische Dojo (zumeist Shotokan und Kyokushinkai), die Wettkampf-Karate lehren. Diese haben jedoch zu den traditionellen okinawanischen Dojo keine Verbindung.

Karate in Japan

Die Bedeutung von »Kara«

Der Begriff »Kara«, wie er in dem von Meister Funakoshi gewählten Schriftzeichen für Kara-te verwendet wird, bedeutet »leer«. Bereits auf Okinawa wurde dafür ein Schriftzeichen (To) verwendet[25], das »Kara« ausgesprochen wurde, jedoch »fremd«, »chinesisch« bedeutete. Diese Bedeutung leitet sich von seiner Verwendung im Chinesischen ab, wo es ein Zeichen für die T'ang-Dynastie (618 - 907 n. Chr.) war und als solches in Okinawa (in den Begriff Tode) übernommen wurde. Meister Funakoshi änderte später in Japan das Schriftzeichen in seine heutige Bedeutung um.

Die erste Bedeutung von Kara zeigt an, daß Karate eine Technik (»Te« bedeutet im Okinawanischen »Technik«

und im Japanischen »Hand«) ist, durch die man sich ohne Waffen (mit leeren Händen) verteidigen kann. Im philosophischen Sinn (spätere Interpretation in Japan) verweist es darauf, daß sich der Karateschüler von allen egoistischen und selbstsüchtigen Gedanken »leer« machen muß, da er nur mit klarem Geist und reinem Gewissen die Lehre verstehen kann, die er empfängt. Das bedeutet, daß derjenige, der Karate-do übt, immer danach streben muß, innerlich bescheiden und nach außen hin sanft zu sein. Gleichzeitig muß er einen einmal gefaßten Entschluß mit Mut durchsetzen. So ist er, mit Funakoshis Worten gesprochen, wie der »grüne Bambusstab: innen hohl (Kara), aufrecht und mit Knoten, d. h. selbstlos, sanft und gemäßigt.« Im japanischen Denken ist hohl oder leer ein Synonym für Selbstlosigkeit, Geradheit steht für Gehorsam und Sanftheit und Knoten für Charakterstärke und Gemäßigtheit. In einer ganz grundlegenden Weise ist schließlich auch die Form des Universums Leere (Kara), und so ist Leere die Form selbst. »Form ist Leere, und Leere ist Form selbst.« Dies ist die Bedeutung des »Kara« aus »Karate-do« und zugleich ein Maßstab für jeden Schüler, der diese Kunst erlernen will.

Karate-do in Japan

»Karate-do« bezeichnet den »WEG der leeren Hand«, der ursprünglich auf Okinawa als »Tode« entwickelt und 1922 von Meister Gichin Funakoshi nach Japan gebracht wurde. Die Kampfkunst enthält vorwiegend Schlag-, Stoß- und Trittechniken, jedoch auch Würfe, Hebel und Fesselgriffe. Sie wird auf der Basis mehrerer überlieferter Kata gelehrt, in denen die Meister ihre Erfahrungen festhielten.

Karate-do beinhaltet heute viele Stile, deren Ursprung

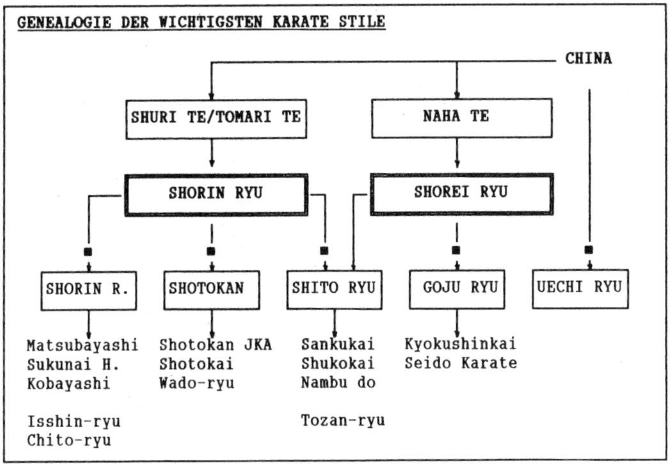

in zwei große okinawanische Systeme mündet: *Shorin-ryu* und *Shorei-ryu*. Auch in Japan entstanden nach 1930 mehrere Stile des Karate, deren Ursprung jedoch ebenfalls nach Okinawa führt. Die wichtigsten japanischen Stile sind: *Shotokan-ryu* (Funakoshi), *Shito-ryu* (Mabuni), *Wado-ryu* (Ohtsuka), *Goju-ryu* (Yamaguchi) und *Kyokushinkai-ryu* (Oyama). Die wichtigsten okinawanischen Stile sind: *Matsubayashi-ryu* (Nagamine), *Kobayashi-ryu* (Chibana), *Sukunai Hayashi-ryu* (Matsumura), *Goju-ryu* (Miyagi) und *Uechi-ryu* (Uechi). Um 1950 begannen sich die japanischen Stile in Weltverbänden zu organisieren und als Sport zu verbreiten. Die größten Verbände sind die JKA und die FAJKO.

Auf Okinawa hat sich Karate eigenständig weiterentwickelt, blieb jedoch weitgehend seinem ursprünglichen, traditionellen Inhalt treu. Nachstehend sind die wichtigsten Meister des Karate aufgelistet. Die Reihenfolge entspricht weder einem Zeitmuster noch einem Wertsystem. Auch auf die Zuordnung zu den entsprechenden Systemen wurde keine Rücksicht genommen.

KARATE STILRICHTUNGEN

SHITO RYU	CHITO RYU
GOSOKU RYU	ISSHIN RYU
ITOSU RYU	KAN RYU
KAN ZEN RYU	KINTO RYU
KOEIKAN RYU	KOSHO KEMPO YU
KUSHIN RYU	KYOKUSHINKAI RYU
MATSUBAYASHI RYU	MUSHINDO RYU
NIHON KEMPO RYU	SEIDO RYU
SHOREI RYU	SHORIN RYU
SHOREIKAN RYU	SHORINJI KEMPO RYU
KOBAYASHI RYU	SHOTOKAI RYU
SHOTOKAN RYU	SHUDOKAN RYU
SUKUNAI HAYASHI RYU	TOZAN RYU
UECHI RYU	WADO RYU
WASHI SHIN RYU	GOJU RYU
YAMANE RYU	SHINDO SHIZEN RYU
SHUKOKAI RYU	SANKUKAI RYU

Nach dem Zweiten Weltkrieg begannen sich die japanischen Stilrichtungen (Ryu) des Karate zu großen Organisationen (Kai) zusammenzuschließen. In den meisten Fällen nahm man Jigoro Kanos Judoorganisation zum Vorbild und strebte eine weltweite Verbreitung des Karate über den Wettkampfweg an. In Okinawa entstand insbesondere durch die Okinawa Karate Kobudo Renmei eine traditionelle Gegentendenz. In der Tabelle ist der Beginn der Karateorganisationen in Japan angeführt. Die großen japanischen Organisationen gründeten jedoch danach weltweit viele Zweigstellen, und darüber hinaus entstanden überall auch eigenständige Verbände, die sich gegenseitig die Kompetenzen absprechen, so daß die heutige Organisation unüberschaubar ist.

ENTWICKLUNG DER GROSSEN WETTKAMPFORGANISATIONEN IM KARATE

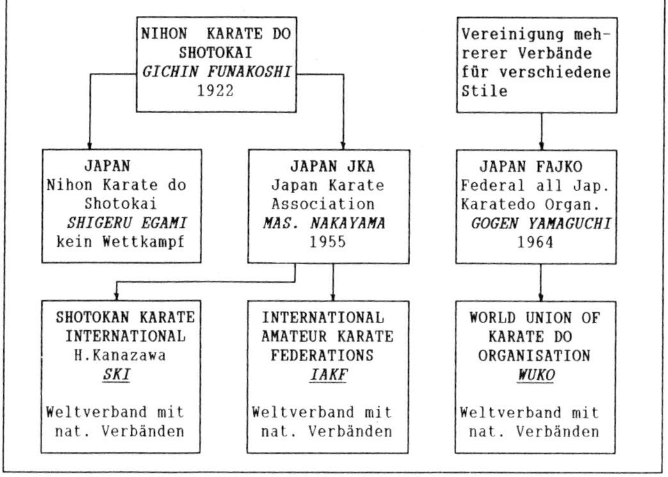

4. Shorin-ryu

Shorin-ryu ist ein Überbegriff für die okinawanischen Kampfkünste der äußeren Schulen. Die Bezeichnung entwickelte sich als Überbegriff für die darin enthaltenen Stile am Anfang des 19. Jahrhunderts. Es bezeichnet insbesondere jene Stilrichtungen, deren typisches Merkmal schnelle Bewegungen und flüssige Kombinationen sind. Seine Entstehung ist von den chinesischen äußeren Systemen (Shaolin) beeinflußt.

Der erste okinawanische Meister, unter dem sich die Charakteristiken des Shorin-ryu von denen des Shorei-ryu abzuheben begannen, war Sakugawa, ein Soto-deshi des Chinesen Koshokun. Er lebte in Shuri und nannte seinen Stil Shuri-te. Bereits vor seiner Zeit jedoch erfuhr die Kampfkunst der Stadt Tomari, Tomari-te, chinesische Einflüsse (durch Sappushi Wanshu, den Überbringer der Kata Empi). Ab Sakugawa entstand eine Verbindung zwischen den beiden Städten und dadurch ein reger Kata-austausch. Die Initiative zum Shorin-ryu, wie wir es heute kennen, ging jedoch von Shuri aus, und zwar von Meister Sokon Matsumura (1809 - 1896). Heute betrachtet man *Sokon Matsumura* aus Shuri und *Kosaku Matsumora* aus Tomari als die Repräsentanten der beiden Stile (Shuri-te und Tomari-te). Diese beiden bedeutenden okinawanischen Schulen gelten als der Ausgangspunkt für das sich heranbildende Hauptsystem Shorin-ryu, innerhalb dessen die kommenden Meister verschiedene Stile gründeten. Diese Stile schöpften aus dem großen Umfang des Hauptsystems und unterschieden sich untereinander durch die Schwerpunkte in ihren Kata.

Der nächste wichtige Meister in der Generationskette war Yasutsune Itosu. Unter ihm lernte *Choshin Chibana* (Chojun Kuba) und gründete nachfolgend den Kobayashi-Stil, von dem die Meister behaupten, daß er dem alten Itosu-ryu am nächsten steht. Die innere Nachfolge des Stils trat Yuchoku Higa an, während die bedeutendsten Lehrer des Kobayashi-Systems Shugoro Nakazato und Katsuya Miyahara sind. Ein anderer Schüler von Choshin Chibana, *Kensei Kaneshiro*, gründete das Tozan-ryu.

Das Sukunai Hayashi-ryu wurde von *Hohan Soken* (1889 - 1973) gegründet, der unter Nabe Matsumura, dem Sohn von Sokon Matsumura, lernte. Heute wird dieser Stil von Fuji (Fusei) Kise und Eizo Shimabukuru (Bruder von Taro Shimabukuru, dem Gründer des Isshin-ryu) vertreten. Daneben ist noch zu bemerken, daß der ältere Bruder von Eizo Shimabukuru, Tatsuo (Taro) Shimabukuru (1906 - 1975), beeinflußt von Chojun Miyagi, Chotoku Kyan und Ankichi Aragaki das Isshin-ryu gründete.

Das Matsubayashi-ryu wurde von Meister *Shoshin Nagamine* gegründet, der von Chotoku Kyan, Ankichi Aragaki und Choki Motobu beeinflußt wurde. In diesem Stil gibt es eine der ältesten Uchi-Linien des okinawanischen Karate. Sie geht auf Koshokun (Kushanku, den Überbringer der heutigen Kanku) zurück und auf die weiteren Uchi-deshi-Generationen in Reihenfolge: Yara — Kyan — Nagamine. Von hier aus gibt es über Gimma Makoto[26], einen weiteren inneren Schüler Kyans, auch eine Verbindung zum Shotokan-ryu. Weitere Einflüsse erhielt das Matsubayashi-ryu über die Shionja-Linie, die über Meister Oyadomari und Kyan die Kata Oyadomari no Patsai in den Stil brachte.

Das Shorin-ryu besteht heute aus drei klassischen Richtungen: *Kobayashi-ryu*, *Sukunai Hayashi-ryu* und *Matsubayashi-ryu*. Daneben gibt es noch viele Ableitungen, von denen die wichtigsten untenstehend aufgeführt sind.

»Shorin-ryu« bedeutet in der Übersetzung »Pinienwaldschule« und ist die okinawanische Aussprache für Shaolin (»Shorei« bedeutet in einem anderen okinawanischen Dialekt auch »Shaolin«). Untenstehend ist die vereinfachte Genealogie (Keizu) des Shorin-ryu dargestellt. Weiterführende Linien gehen aus den unter den jeweiligen Namen dargestellten Tafeln hervor.

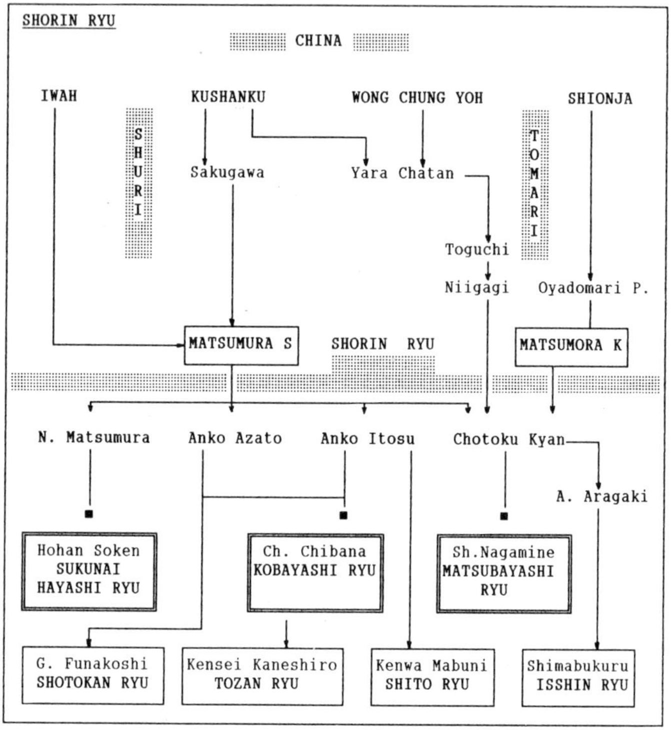

Shuri-te

»Shuri-te« bedeutet wörtlich »die Hand aus Shuri« (Shuri ist eine größere Stadt auf Okinawa). So benannte man ganz allgemein die Kampfsysteme, die von den Meistern dieser Stadt gelehrt wurden.

In Shuri wurde die Basis für die systematisierte okinawanische Kampfkunst gelegt. Der erste Meister war »Karate« Sakugawa (1733 - 1815). Er lernte das okinawanische Tode unter dem Mönch Takahara Peichin, der ein Schüler des Kobudo-Experten Matsu Higa war, und später das chinesische Ch'uan-fa unter Kushanku (Koshokun). Sein bedeutendster Schüler war Sokon Matsumura, der das *Shorin-ryu Gokoku-an Karate* gründete. Unter Matsumura (1809 - 1896) entstand in Shuri eine große Schule, aus der viele bedeutende Kampfkunstexperten hervorgingen (Itosu, Azato, Kyan, Hanashiro u. a.). Manche von ihnen gründeten später ihre eigenen Stile. Shuri-te ist neben Tomari-te eine der Hauptrichtungen innerhalb des Shorin-ryu. Zwischen Shuri-te und Tomari-te bestand eine Verbindung bereits über Meister Sakugawa.

Tomari-te

»Tomari-te« bedeutet »die Hand aus Tomari« (Tomari ist ebenfalls eine Stadt auf Okinawa). So benannte man die Kampfkunst, die von den Meistern in den Schulen aus Tomari unterrichtet wurde.

Der erste bedeutende Name des Tomari-te ist Kosaku Matsumora (1829 - 1898). Seine Kunst wurde erheblich durch das Shuri-te beeinflußt, denn er wurde von Makabe (dem Vogelmann) unterrichtet, der bei Sakugawa aus Shuri gelernt hatte. Dennoch unterschied sich die Kampfkunst aus Tomari von der aus Shuri durch verschiedene andere Einflüsse, vor allem durch einige chinesische Kata, die man in Shuri nicht übte.

Die Richtungen aus Tomari bilden zusammen mit denen aus Shuri das Shorin-ryu. Ab der Matsumura-Schule aus Shuri gab es zwischen den beiden Städten einen guten Erfahrungsaustausch, und die Meister lernten untereinander und voneinander. So sind die meisten später entstandenen Stile von der Kampfkunst aus beiden Städten beeinflußt. Auch die Stilrichtungen Japans, die sich ab 1930 zu bilden begannen, hoben die Begrenzungen auf und setzten ihre Kata aus mehreren Richtungen zusammen.

Die Vorfahren des Shorin

Kushanku

Mit diesem Namen ist die Entstehung des okinawanischen Shorin-ryu untrennbar verbunden. Kushanku (auch Ko Sho Kun, Kung Siang Chün, Kwang Shang Fu) war ein chinesischer Kampfkunstexperte (einer der größten seiner Zeit), der aus der Provinz Fukien stammte. Man vermutet, daß er im Jahre 1761 als Gesandter des chinesischen Ming-Kaisers nach Okinawa kam, um den okinawanischen König in seinen Regierungsaufgaben zu unterstützen. Zu jener Zeit blühten die Handelsbeziehungen zwischen der Kaiserdynastie und Okinawa. Der Kaiser wählte sorgfältig einige Familien aus (die »36 Familien«), die sich in Okinawa in der Nähe der Stadt Naha (Kumemura/Kume) ansiedelten. Für die Dauer seines Aufenthaltes lebte auch Kushanku dort und sollte dem gesamten Kampfkunstgeschehen der kleinen Insel bedeutende Impulse geben.

Die Geschichte berichtet, daß er dort mit dem Tode-Meister Sakugawa zusammentraf, der daraufhin sein Schüler wurde und 6 Jahre lang von ihm Unterricht erhielt. Er lehrte ihn seine Kata (Kushanku), in der sein gesamter Kampfstil verschlüsselt enthalten war. Doch die ursprüngliche Kushanku-Kata wurde von Sakugawa verändert, was in der Folgezeit (besonders in der Itosu-Schule) zur Gründung mehrerer Varianten führte, die aus der Sakugawa-Form abgeleitet wurden.

Der offizielle Nachfolger (Uchi-deshi) von Kushanku auf Okinawa war Yara. Er übte die ursprüngliche Kushanku-Variante getreu ihrem Ursprung und gab sie an den bekannten okinawanischen Meister Chotoku Kyan weiter, dem es zu verdanken ist, daß diese Kata auch heute noch in ihrer ursprünglichen Variante bekannt ist. Diese Kushanku-Form wird heute *Kuniyoshi no Kushanku* genannt und im Matsubayashi-ryu geübt.

Shionja

Ein weiterer chinesischer Kampfkunstexperte, der im 17. Jahrhundert von China nach Okinawa kam, war Meister Shionja. Er nahm nachhaltigen Einfluß auf die Tomari-Richtung des Shorin-ryu und hinterließ deutliche Spuren chinesischer Techniken in der Matsumora-Schule aus Tomari (Kosaku Matsumora war ein Soto-deshi von Shionja). Es ist wahrscheinlich, daß über diesen Meister eine Patsai-(Bassai-)Variante (Oyadomari no Patsai, im Unterschied zur Matsumura no Patsai aus Shuri) überliefert wurde, die heute in den Tomari-Richtungen verbreitet ist. Sein Uchi-deshi war Peichin Oyadomari, einer der Lehrer von Chotoku Kyan. Shionjas Einflüsse gelangten über einen der frühen Lehrer Itosus, Shimpan Gusukuma, auch nach Shuri.

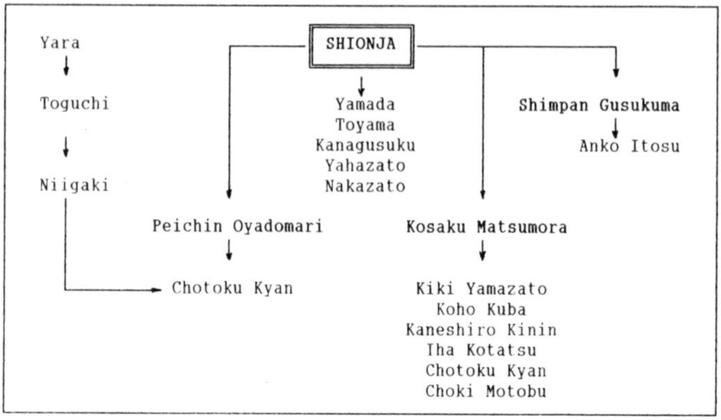

»Karate« Sakugawa

Einer der ersten bekanntgewordenen okinawanischen Kampfkunstexperten von Bedeutung war Sakugawa Shungo, auch »Karate (Tode) Sakugawa« genannt. Er wurde am 5. März 1733 in Shuri, Okinawa, geboren und begann das Studium des okinawanischen Tode unter der Anleitung des Mönches Takahara Peichin aus Akata.

Takahara hatte das okinawanische Tode und das Kobudo von dem auf der kleinen Insel Hamahiga lebenden Meister Matsu Higa gelernt, dem man besonders in der Frühzeit eine wichtige Rolle in der Entwicklung verschiedener Kobudo Kata auf Okinawa zuspricht. Die Insel Hamahiga war berühmt wegen ihrer vielen Experten in den Waffen Sai, Tonfa und Bo. Meister Matsu Higa war der bedeutendste unter ihnen, in weitem Kreis von seinen Feinden gefürchtet und von seinen Freunden geehrt. Die Legende erzählt, er wäre nur von kleiner Statur gewesen, doch er hätte Unterarme wie die Comicfigur »Popeye« gehabt. Wann immer er erfuhr, daß sich japanische Plünderer auf seiner Insel aufhielten, ergriff er seinen Bo und verjagte sie. Dies brachte ihm einen weitreichenden Ruf, denn die japanischen Samurai fürchteten ihn, und in Okinawa wurde er zu einem Volkshelden. Drei Kobudo-Kata wurden von ihm überliefert, von denen man sagt, sie seien die Grundlage des okinawanischen Kobudo überhaupt: Matsu Higa no Kon, Matsu Higa no Sai und Matsu Higa no Tonfa.

Takahara Peichin war Mönch und verband das Tode mit verschiedenen Praktiken der Meditation. Was genau er jedoch Sakugawa lehrte, ist nicht bekannt. Den entscheidenden Einfluß auf den jungen Sakugawa hatte ein Ereignis, über das auf Okinawa noch heute in den Legenden berichtet wird.

Als Sakugawa 23 Jahre alt war, galt er bereits als ein fortgeschrittener Schüler der Kampfkünste und war auf Okinawa recht bekannt. Eines morgens ging er am Flußufer in der Nähe der Stadt Shuri spazieren und sah einen elegant gekleideten Fremden, der in Meditation versunken am Flußufer stand. Er wollte dem Fremden einen Streich spielen und schlich sich leise von hinten an ihn heran, um ihn ins Wasser zu stoßen. Der Fremde jedoch vereitelte Sakugawas Vorhaben, denn im letzten Augenblick drehte er sich um und faßte den Okinawaner so fest am Handgelenk, daß dieser sich nicht mehr befreien konnte.

Der Fremde wies Sakugawa wegen seines Verhaltens zurecht, und als er erfuhr, daß Sakugawa ein Meister des Tode war, sagte er: »Wenn du wieder nach Kumemura kommst, dann frage nach Kushanku, und ich werde dir nicht nur das *Wie*, sondern auch das *Warum* der Kampfkünste beibringen.«

Sakugawa wurde Kushankus Schüler und blieb 6 Jahre lang bei ihm. Dadurch wurde eine Variante der Kata *Kushanku* (Sakugawa no Kushanku) in das okinawanische

Shorin-ryu übertragen und in die heutigen Stile überliefert. Als er 29 Jahre alt war, starb sein erster Meister Takahara Peichin. Auf dessen letzte Bitte nannte er sich ab jenem Zeitpunkt »Karate (Tode) Sakugawa«. Dies war der entscheidende Impuls, sich ab diesem Zeitpunkt ganz den Kampfkünsten zu widmen. Er eröffnete in Shuri eine Schule und legte damit den Grundstein für das sich wenige Jahre nach seinem Tod entwickelnde Shorin-ryu.

Später ging er nach China, um dort seine Kunst zu vervollkommnen. Man sagt, daß er ein Lehrer nach alter chinesischer Tradition war, der großen Wert auf die traditionellen Inhalte der Kampfkünste sowie auf die innere Entwicklung seiner Schüler legte. Er hielt seine Kata geheim und lehrte sie erst dann, wenn er von der inneren Einstellung eines Schülers restlos überzeugt war. Er lehnte alle Arten von Spezialisierungen in den Kampfkünsten ab und war der Verfechter eines bedeutungsvollen Ideals, das die Lehrmethoden der kommenden Generation der Meister durchzog: »Ein Meister des Karate muß in allen Dingen des Lebens bewandert sein und darf sich nicht auf die schmale Spur der Spezialität begeben.«

Durch die Überlieferung der chinesischen Lehre legte er auch großen Wert auf das Verhalten seiner Schüler. Sa-

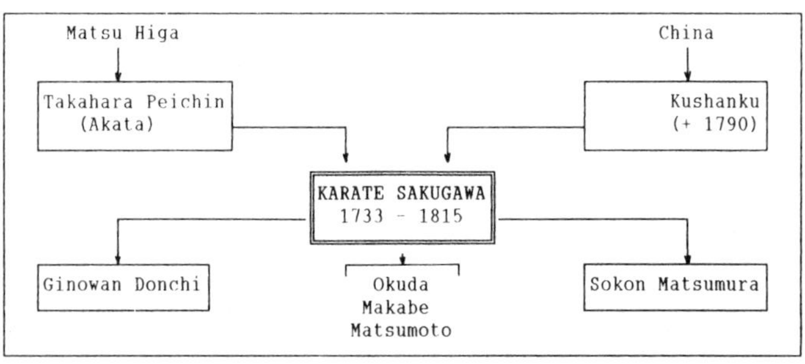

kugawa war der Gründer der okinawanischen *Dojokun* (Verhaltensregeln im Karate), deren Grundstein bereits von Bodhidharma im Shaolin gelegt wurde.

Sakugawa unterrichtete auch den Gebrauch von Waffen, insbesondere den Bo. Sein bekanntester Bo-Schüler war Ginowan Donchi. Aus jener Zeit wurden die Kata Sakugawa no kon und Ginowan no kon überliefert.

Anfangs hatte der Meister drei Schüler, die als die »drei Musketiere« bekannt waren. Es waren Okuda, Makabe und Matsumoto. Als Sakugawa sich zurückzog, gab er das Menkyo-kaiden[27] seinem Schüler Matsumoto. Makabe ging nach Tomari und unterrichtete dort Kosaku Matsumora. Doch keiner von ihnen sollte in der Entwicklung der okinawanischen Kampfkunst eine bedeutende Rolle spielen.

Als Sakugawa 78 Jahre alt war, kam der junge Sokon Matsumura zu ihm und bat ihn um Unterricht in den Kampfkünsten. Damit begann die Ära der großen okinawanischen Kampfkunstmeister des Shorin-ryu.

Sokon Matsumura

Der bedeutendste okinawanische Karatemeister der nächsten Generation war Sokon Matsumura, auch »Bushi« (Samurai) Matsumura genannt. Über sein Geburtsjahr besteht Uneinigkeit. Es kommen die Jahreszahlen

1792, 1805 und 1809 in Frage. Sein Geburtsort war Shuri. Bereits als 10jähriger Junge wurde er von seinem Vater, Sofuku Matsumura, zu dem damals 78 Jahre alten Sakugawa gebracht, um im Karate unterrichtet zu werden. Er entwickelte sich schnell zu einem hervorragenden Kampfkunstexperten. Im Winter 1816 kam er als Chikudon (d.i. eine höhere Beamtenstellung) in den okinawanischen Regierungsdienst. 1818 heiratete er Yonamine Chiru, die auf Okinawa als äußerst talentierte und starke Frau bekannt war und ebenfalls aus einer Familie von Kampfkunstexperten stammte.

In den Jahren seiner Reife zeichnete sich Matsumura immer wieder durch tapfere und heldenhafte Taten aus. Er wurde nicht nur auf Okinawa, sondern auch in ganz Japan und China zu einer Legende. Schließlich erhielt er von seinem König den Titel »Bushi« und wurde dessen Lehrer in den Kampfkünsten.

Bushi Matsumura gehört zu den Schlüsselfiguren des okinawanischen Karate. Durch ihn entstand das Shuri-te. Er überlieferte die *Matsumura Patsai*, welche man als Ursprung aller Bassai-Formen des Shuri-te betrachtet. Außerdem war er ein Experte im Umgang mit dem Schwert, in einem Kampfstil, der in Okinawa Jigen-ryu genannt wurde.

Zu jener Zeit war das okinawanische Karate noch nicht systematisiert und ausschließlich auf die Interpretationen der einzelnen Meister angewiesen. Es gab keine Informationsmöglichkeiten außer zwischen Lehrer und Schüler, und in den meisten Fällen wurden in den Schulen eine bis drei Kata gelehrt. Die Erfahrungen der Meister übertrugen sich nur individuell von einer Generation auf die andere, da das zentrale System der Kata fehlte, wie wir es heute kennen.

Das Karate bestand nicht aus mehreren Stilen, sondern einfach nur aus persönlichen Interpretationen und

Schwerpunktlegungen der Meister. Diese wurden in einer individuellen Kata festgehalten und, für Uneingeweihte verschlüsselt, an die Schüler weitergegeben. Eine andere Quelle des Lernens gab es nicht, und der Zugang zur Kata eines anderen Meisters war sehr beschwerlich.

Es wurde nur individuell unterrichtet (Meister Higashionna aus Naha war der erste Okinawaner, der Gruppenunterricht gab), und so bestand die Kampfkunst Okinawas nur aus individuellen Meistern, fern von jedem System der gegenseitigen Verständigung oder Hilfe. Die Kunst, die ein Meister lehrte, trug einfach den Namen des Meisters, und die Schüler fügten später ihren Namen hinzu.

Die Richtung über Sakugawa und Matsumura bestimmte letztendlich die Entwicklung des Shorin-ryu als geordnetes System. Doch erst später wurden diesem Begriff die Stile zugeordnet, die den äußeren Systemen entsprachen. An dieser Entwicklung waren viele Meister beteiligt, die zu Matsumuras Zeit noch keine Beziehung untereinander entdecken konnten.

Sokon Matsumura gründete den Begriff und nannte seinen Stil zum ersten Mal *Shorin-ryu Gokoku-an Karate.* Seine Schule war eine der bedeutendsten, die es zu jener Zeit auf Okinawa gab. Fast alle wichtigen Meister der kommenden Generation waren mit ihr verbunden. Obwohl diese Bezeichnung sich zu jener Zeit nur auf die Matsumura-Schule beschränkte, kann man sagen, daß in der Matsumura-Schule das Shuri-te und das Tomari-te zusammengeführt wurden und daß es ab jenem Zeitpunkt keine Abgrenzung zwischen diesen beiden Systemen mehr gab. Später erst gebrauchte man den Begriff für das gesamte System.

Nach wie vor gab es das System der Stadt Shuri und das System der Stadt Tomari. Doch damit meinte man ganz allgemein nur die Kampfkunst, die in der jeweiligen Stadt ausgeübt wurde, ohne daß man damit sagen wollte, daß diese Kampfkunst auch wirklich als System existierte. Als System existierte immer noch allein die Kunst des jeweiligen Meisters, der sich im Grunde genommen nur wenig darum scherte, in welche Kategorie man ihn klassifizierte.

Mit der Zeit jedoch begann sich der Schleier des Geheimen von der Kampfkunst zu heben, und der Erfahrungsaustausch untereinander wurde besser. Durch diesen Austausch begannen sich allmählich ungefähre Zuordnungen zu bilden, und man verstand unter Tomari-te und unter Shuri-te etwas ganz Bestimmtes, in sich Geschlossenes. Verantwortlich dafür waren jedoch erst die Meister der nächsten Generation. Da die meisten von ihnen sich entweder auf Sokon Matsumura aus Shuri oder Kosaku Matsumora aus Tomari zurückführen lassen, bezeichnet man diese beiden Meister heute als die Gründungsväter des Tomari-te und des Shuri-te.

In der Matsumura-Schule entstand kein einheitliches Katasystem des Shorin-ryu. Die Schule gewährleistete nur den Zusammenfluß von fast allen Kata der äußeren Systeme, die zu jener Zeit geübt wurden. Erst die Schüler dieser Schule legten später ihre Schwerpunkte und gründeten durch die Auswahl einiger Kata ihre eigenen Stile. Mit Shorin-ryu bezeichnet man heute, im Gegensatz zu damals, das gesamte System der Kata (also auch das der Stile), das unter dem Einfluß der Meister des Shuri-te und Tomari-te entstanden ist.

Der alte Matsumura-Stil selbst war besonders durch die Kata Patsai (Bassai) gekennzeichnet. Noch heute existiert in Okinawa diese alte Form, die man *Matsumura-Patsai* nennt. Sie gilt als der Ursprung der sich im Shuri-te nachher entwickelnden Patsai-Formen. Auch die Shotokan Varianten fließen dahin zurück.

Matsumuras direkte Schüler waren: Sakihara Peichin, Sakuma Peichin, Chotoku Kyan, Kiyuna Peichin, Kentsu

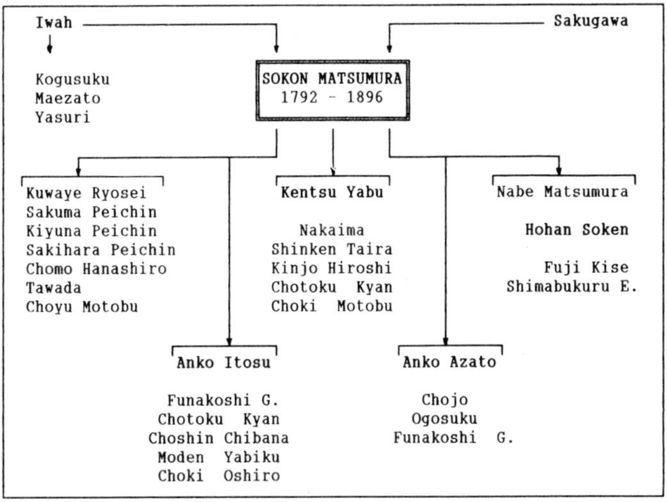

Yabu, Choju Motobu, Kuwaye Ryosei, Chomo Hanashiro, Nabe Matsumura, Anko Itosu, Chinen Yamane, Tawada, Anko Azato und Ankichi Aragaki.

Matsumura war auch ein großartiger Kobudo-Experte. Der von ihm gegründete Kobudo-Stil *Matsumura-ryu* wurde sehr stark durch die Techniken der leeren Hand beeinflußt. Matsumura starb im Jahre 1896.

Yasutsune Itosu

Yasutsune Itosu (Anko Itosu), einer der größten Meijin (großer Meister) der okinawanischen Kampfkünste, wurde im Jahre 1830 als Sohn eines Samurai in Shuri no Tobaru geboren. Standesgemäß wurde er sehr streng erzogen, und im Alter von 16 Jahren brachte sein Vater ihn zu »Bushi« Matsumura, einem der größten Kampfkunstexperten des Shuri-te zu jener Zeit. Bald darauf begann für den Jungen der Unterricht. Matsumura war ein strenger Lehrer, er lobte wenig und bestrafte viel. Von seinen Schülern erwartete er blinden Gehorsam und bedingungsloses Vertrauen.

Aus Itosus jungen Jahren weiß die Legende vieles zu berichten, und manche dieser Geschichten tragen heute dazu bei, Licht in die Geschehnisse der damaligen Zeit zu bringen. So erzählt man sich eine Begebenheit, die im Jahre 1856 stattfand, als Itosu auf der Reise nach Naha einen Kampf gegen einen Mann namens Tomoyose, den damaligen Champion des Shorei-ryu, bestreiten mußte. Schon seit einiger Zeit gab es Rivalitäten zwischen Shuri und Naha bezüglich der Effektivität ihrer Kampfkünste. Vor dem Yamagataya in Naha befand sich ein großer

Felsbrocken, den die Leute Ude-kake-shi nannten. Wenn jemand zu dem Felsen ging und seine Hand darauflegte, war dies eine Herausforderung gegenüber dem besten Kämpfer der Stadt.

Itosu tat es. Der Grund dafür war ein Gerücht einiger Einwohner aus Naha, die sagten, daß das Shuri-te niemanden hervorbringen könnte, der gegen die Kämpfer von Naha bestehen würde. So kam es zwischen Itosu und Tomoyose zum Kampf. Itosu besiegte ihn, indem er ihm mit Shuto den Arm brach.

Itosu arbeitete hart und diszipliniert acht Jahre lang unter Matsumuras Anleitung. Außerdem lernte er noch bei Shimpan Gusukuma (Shionja-Linie) und bei Yasuri, einem direkten Schüler von Iwah. Im Laufe der Zeit entwickelte er sich zu einem unbesiegbaren Kämpfer und zu einem der größten Meister der Kampfkünste, die es je im Karate gab.

Im Leben Itosus gab es viele Männer, die ihn herausforderten und ihr Leben aufs Spiel setzten, nur um den berühmten Meister zu besiegen und dadurch selbst berühmt zu werden. Doch Meister Itosu wurde niemals besiegt. Obwohl er von kleiner Gestalt war, hatten seine Hände eine solch ungeheure Kraft, daß er Bambusstäbe mit ihnen zerdrücken konnte. Einmal wurde er von einem fremden Kämpfer auf der Straße angegriffen. Man erzählt, Itosu hätte den Mann einfach am Handgelenk gefaßt und wäre seinen Weg weitergegangen. Der Mann konnte sich nicht befreien und war gezwungen, hilflos neben ihm herzulaufen.

Noch im Jahre 1905, als Itosu schon 75 Jahre alt war, kamen solche Männer und wollten sich mit ihm messen. Seine letzte Begegnung hatte er gegen eine anerkannte Größe des japanischen Judo. Die Japaner waren die Besetzer im Land und nicht sonderlich beliebt. Doch zu jener Zeit hatte sich die tiefe Feindschaft bereits gelöst und einem Waffenstillstand Platz gemacht. Die Japaner waren beständig dabei, das Geheimnis um die okinawanische Kampfkunst zu lüften, doch was auch immer sie taten, die Okinawaner wußten sie zu isolieren. Das war für die Japaner, die auf ihre Kampfkünste besonders stolz waren, ein Grund für anhaltende Herausforderungen an die okinawanischen Schulen.

Da diese Herausforderungen jedoch immer unerwidert blieben, übten sie, als die Herren der Insel, einen solch gewaltigen politischen Druck auf die Verwaltungsstellen Okinawas aus, daß diese sich gezwungen sahen, sich an die Meister des Okinawa-te zu wenden und sie zu bitten, einem Kampf zuzustimmen. Meister Itosu beschloß, dieser unsinnigen Konkurrenz ein Ende zu bereiten, und nahm die Herausforderung an. Die Japaner dachten, daß er dies im Namen seiner Schule täte und einen jungen starken Kämpfer schicken würde, und so holten sie aus Japan eilig ihren Judo-Champion herbei.

Der Kampf wurde mit großem Aufwand vorbereitet und in weitem Kreis angekündigt. Doch als dann der 75jährige Greis dem japanischen Kampfkunstexperten selbst gegenübertrat, gab es großen Aufruhr. Fast hätte der Kampf nicht stattgefunden, denn die Japaner betrachteten es unter ihrer Würde, ihre Kampfkunst mit einem alten Mann zu messen.

Vorher hatte Meister Itosu seine ganze Schule versammelt und sagte zu seinen Schülern: »Heute werdet ihr Karate in einem wirklichen Kampf sehen können, denn ich werde dem Judoexperten selbst gegenübertreten. Natürlich werde ich ihn nicht töten, doch ich werde den Japanern heute zeigen, daß Karate eine fürchterliche Waffe sein kann.«

Der Kampf dauerte nur wenige Sekunden. Als der Japaner zum erstenmal angriff, führte Meister Itosu einen kurzen Tsuki (Fauststoß) aus, und der Judoka ging bewußtlos zu Boden. Der Meister beugte sich über ihn, führte eine Kuatsu-[28](Wiederbelebungs)-Technik aus und holte ihn ins Leben zurück. Daraufhin erhob er sich und sagte zu dem zahlreich anwesenden Publikum: »Heute habt ihr gesehen, was Karate bei einem Nichteingeweihten anrichten kann. Man sollte es nie zu diesen Zwecken verwenden, denn Karate ist nur für ausweglose Situationen gedacht. Laßt es beim heutigen Kampf bleiben und errinnert euch immer daran.«

Yasutsune Itosu, die »heilige Faust des Shuri-te«, war einer der größten Meister der Kampfkünste, die es je gab. Sein bedeutendster Beitrag waren seine Kata. Er sagte: »Karate ist eine Art zu leben, ein Weg, um absolute Sicherheit und Furchtlosigkeit zu erlangen. Ein Mensch, der die Kata übt, kann durch bestimmte Schwerpunktlegungen in ihnen seine individuellen Fähigkeiten bis zur äußersten Grenze verbessern.«

Itosu war davon überzeugt, daß vor jeder weiteren Entwicklung in den Kampfkünsten der Übende zuerst ein völlige Körperbeherrschung erreichen mußte. Dazu gab es für ihn nur einen Weg: den Weg der Kata. Er sagte: »In den Kampfkünsten gibt es keine Entwicklung, wenn ein Übender es versäumt, seine Kata zu perfektionieren.« Der Kata schrieb er nicht nur eine Entwicklung des Körpers zu, sondern auch die Kontrolle der Atmung und des Geistes, die Fähigkeit zur ruhigen Konzentration und zur Beherrschung des Selbst. Itosu sagte, daß ein Mensch, der die Kata übt, einen Zustand erreichen kann, in dem er die Schwankungen seiner eigenen Seele (Bonno[29]) versteht und beherrscht und gleichzeitig jedes innere Gefühl durch seinen Körper auszudrücken vermag. Bedingt durch diesen Umstand bezeichnete er Karate als Kunst. Er wies immer wieder darauf hin, daß das eigentliche Wesen des Karate nicht die Selbstverteidigung ist, sondern die Übung zur vollkommenen Reife der Persönlichkeit.

Itosu war der äußere Schüler Matsumuras (der innere Schüler war Anko Azato). 1905 gründete er die Pinan- (Heian-)Formen und führte sie als gymnastische Übungen an den Grundschulen Okinawas ein. Viele alte Kata wurden durch ihn überliefert, und seine Schüler gründeten nachfolgend die okinawanischen Stile des Shorin-ryu. Außerdem entwickelte er einige Kataformen weiter, was zur Gründung von Tekki nidan, Tekki sandan, Bassai sho und Kanku sho führte.

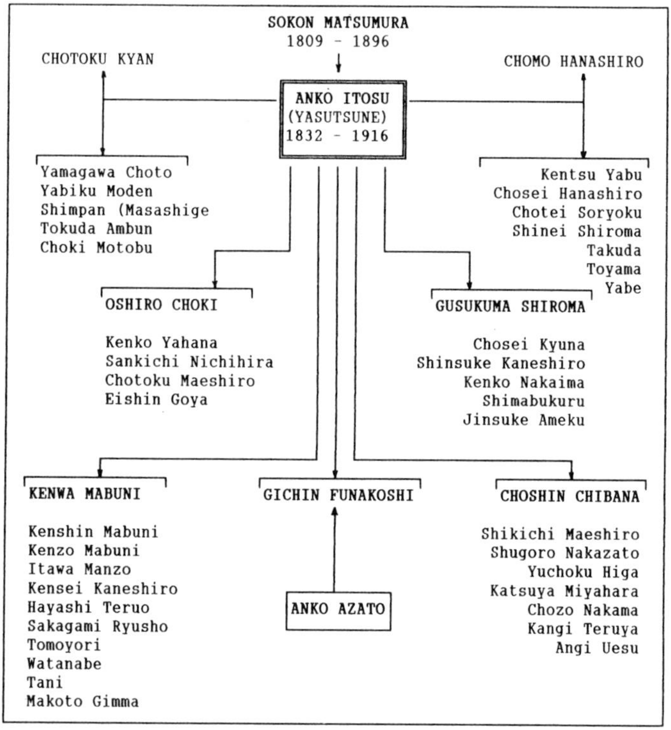

Anko Itosu starb im Jahre 1916. Er war einer der wenigen Meijin in der Geschichte der Kampfkünste — ein Meister, der seine Kunst weit hinter den Grenzen des Körperlichen gemeistert hatte.

Meister Itosus direkte Schüler waren: Kentsu Yabu, Yabiku Moden, Kenwa Mabuni, Gusukuma Shiroma, Choshin Chibana, Tokuda Ambun, Oshiro Choki, Choki Motobu, Shimpan Masashige, Yamagawa Choto, Funakoshi Gichin und Ogosuku Chogo.

Chotoku Kyan

Im Dezember 1870 wurde, als 11. Abkömmling des Königs Shosei von den Ryukyu-Inseln, Chotoku Kyan geboren. Sein Vater, Chofu Kyan, selbst ein Kampfkunstexperte, wandte sich an die berühmtesten Meister der Gegend, Sokon Matsumura (Shuri), Anko Itosu (Shuri) und Peichin Oyadomari (Tomari), und bat sie, seinen Sohn in den Kampfkünsten zu unterrichten, da er selbst glaubte, seinem eigenen Sohn gegenüber nicht streng genug sein zu können. Als Chotoku 12 Jahre alt war, nahm sein Vater ihn mit nach Tokyo. Dort studierte er 4 Jahre lang die chinesischen Klassiker und übte während dieser Zeit weiter die Kampfkünste.

Im Alter von 30 Jahren besaß Chotoku Kyan in Shuri und Naha großes Ansehen als Kampfkunstexperte. Durch politische Umstände verarmte jedoch seine Familie, und er war gezwungen, in die Stadt Yomitan umzuziehen. Dort lebte er in großer Not und nahm die niedrigsten Arbeiten an. Trotzdem setzte er sein Karatestudium fort. Zu jener Zeit lernte er den berühmten Karatemeister Yara kennen, der ihn die Kata Kushanku lehrte, die heute als Uchi-Linie über Kyan zu Nagamine führt.

Danach zog er nach Kadena und eröffnete sein eigenes Karatedojo. Über diese Schule wurden mehrere spätere Stile beeinflußt, insbesondere über seine berühmtesten Schüler Ankichi Aragaki, Shoshin Nagamine und Tatsuo Shimabukuru.

Kyan war ein Meister der Sprung- und Fußtechniken. Auch zeigte er öfter seinen mit dem Erdboden verwurzelten Stand (Sanchin dachi), aus dem niemand ihn herausbewegen konnte. Dies tat er, indem er die Kata Seishan (Hangetsu) vorführte. Seine Lieblingskata waren Passai (Bassai), Chinto (Gankaku) und Kushanku (Kanku). Seine Varianten sind heute im Matsubayashi-ryu, jedoch auch im Chito-ryu und Isshin-ryu vertreten.

Chotoku Kyan war ein Meister der Ausweichbewegungen und des Irimi (mit dem Gegner harmonisieren). Außerdem zeichnete er sich darin aus, daß er die Kata Seisan (Hangetsu) verbesserte. Zu jener Zeit, als man die Pinan-Kata noch nicht kannte, wurde die Seisan-Kata als Grundkata in den meisten Stilen gelehrt.

Chotoku Kyans Lehrer waren: Sokon Matsumura, Anko Itosu (Itosu war der ältere Schüler und hatte zu jener Zeit die Funktion eines Sempai in der Matsumura-Schule), Chatan Yara, Chofu Kyan, Kosaku Matsumora und Peichin Oyadomari. Kyan selbst war ein innerer Schüler (Uchi-deshi) der alten Linie, die bis zu Yara zurückreicht. Demzufolge wurde die alte Kushanku-Kata in ihrer ursprünglichen Version durch Kyan überliefert. Über Peichin Oyadomari flossen starke chinesische Ein-

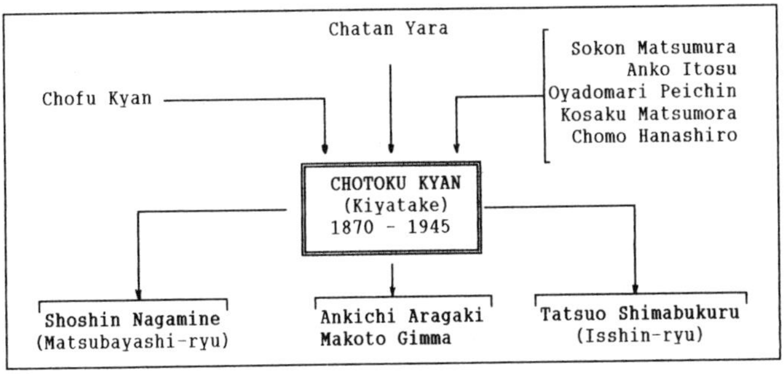

flüsse in seinen Stil, die sich heute in den Richtungen des Tomari-te fortsetzen. Seine bekanntesten Schüler waren: Eizo Shimabukuru, Tatsuo (Taro) Shimabukuru, Ankichi Aragaki, Shoshin Nagamine, Makoto Gimma und andere. Chotoku Kyan starb am 20. 9. 1945 in einer Ortschaft im Norden Okinawas.

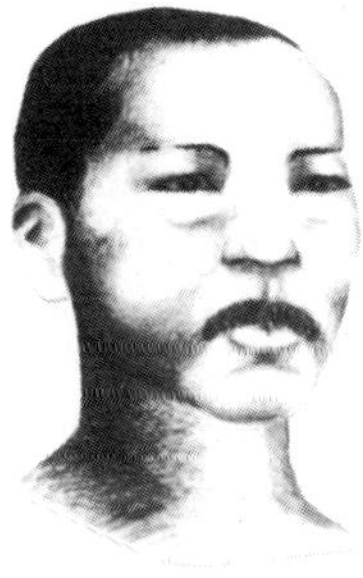

Ankichi Aragaki

Ankichi Aragaki war der älteste Sohn von elf Kindern in der Familie eines wohlhabenden okinawanischen Reisweinbrauers. Er wurde im November 1899 in Shuri auf Okinawa geboren.

Bereits in seiner frühesten Kindheit zeigte er eine besondere Eignung für jede Art von Sport, Körperkultur und Kunst. Seine ersten Lehrer im Karate waren Shimpan Gusukuma und Chomo Hanashiro, die aus der Matsumura-Schule kamen. Später wurde er von Choshin Chibana unterrichtet. Schon in seiner Jugend war er ein vielseitiger Künstler und verstand es auf wunderbare Weise, die Künste miteinander zu verbinden. Er übte sich im Judo, Sumo, Schwimmen, kletterte auf Bäume und ging auf den Zehenspitzen. Im Karate entwickelte er eine einzigartige Technik — Tsumasaki-geri (Tritt mit den Zehenspitzen).

Als er 20 Jahre alt war, fiel er der Öffentlichkeit Okinawas durch verschiedene Demonstrationen von Kraft und Mut auf. Er wurde in den Militärdienst eingezogen, wo er es bis zum Mitglied der Ehrengarde schaffte. 1921 wurde er entlassen und zog nach Kadena, wo er den großartigen Kampfkunstexperten Chotoku Kyan traf. Aus diesem Zusammentreffen entwickelte sich eine hochkarätige Kampfkunst, die in der Folge viele berühmte Namen hervorbringen sollte.

Aragaki wurde bekannt durch sein breites Wissen über Karate, durch seine wissenschaftliche Haltung den Kampfkünsten gegenüber und durch deren Verbindung zur Kunst. Er hatte eine klare Einsicht in die Kultur Okinawas und besaß ein profundes Wissen über die klassische Kunst und über ihre Bedeutung für das menschliche Leben. Er befaßte sich insbesondere mit den klassischen okinawanischen Tänzen (Odori) und ihrer Verbindung zu den Kampfkünsten. Allerdings erklärte er einmal seinen Schülern, daß beide aus völlig verschiedenen Bedürfnissen heraus entstanden — das Karate aus dem Instinkt zum Überleben, das Tanzen hingegen aus dem Wunsch nach einer Ausdrucksform der Gefühle. Obwohl die Entstehung verschieden ist, gibt es dennoch in beiden viele Gemeinsamkeiten. Aragaki konnte auch selbst sehr gut

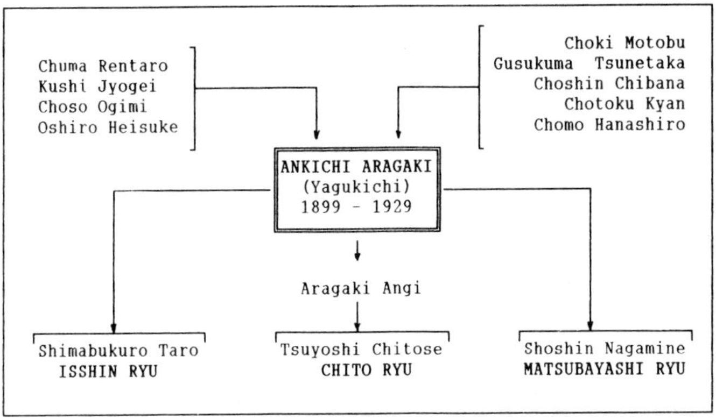

tanzen. So führte er bei manchen Gelegenheiten den »Sarumai« (Affentanz) vor, einen der schwierigsten klassischen Tänze Okinawas.

Seine Überzeugung war: »Kunst ist die Verbindung zwischen dem inneren Wert des Menschen und äußerer ästhetischer Schönheit[30]. Deshalb haben Karate-do und Kunst denselben Ursprung und dasselbe Ziel: sie erheben den Menschen auf jene Stufe, auf der er inneren Wert mit äußerem Sinn verbinden kann. Erst hier unterscheidet er sich vom Tier. Der Intellekt allein vermag dies nicht.«

Aragakis Lehrer waren: Gusukuma Tsunetaka, Choshin Chibana, Chotoku Kyan, Choki Motobu und Chomo Hanashiro. Seine direkten Schüler waren: Chuma Rentaro, Kushi Jyokei, Choso Ogimi, Oshiro Heisuke, Shimabukuro Taro, Tsuyoshi Chitose, Shoshin Nagamine und Aragaki Angi (siehe auch Tafel Shorin-ryu). Aragaki Ankichi starb in frühen Jahren im Dezember 1929 an einem Magengeschwür.

Kentsu Yabu begann seinen Karateunterricht in der Matsumura-Schule in Shuri, wo er in seinen Schülerjahren von Yasutsune Itosu, der zu jener Zeit den Unterricht in der Matsumura-Schule führte, unterrichtet wurde. Auch sein weiterer Weg war mit dem seines Meisters Itosu eng verbunden, denn später unterrichtete Kentsu Yabu an der Itosu-Schule.

Um 1903 entstanden in Okinawa mehrere Tendenzen, das Karate der breiten Masse zugänglich zu machen. Obwohl sich seit der Meiji-Restauration die politische Lage entspannt hatte und Karate nicht mehr so geheim war, hatte das Volk immer noch keinen Zugang zu Karate, denn es waren zumeist Adelige, die diese Kunst übten. Nishimura Mitsuya, der Präsident des Shihan Gakko (Lehrerkollegium) der öffentlichen okinawanischen Schulen, war darum bestrebt, Karate an den mittleren Schulen einzuführen, denn er war von den erzieherischen Werten des Karate überzeugt.

So wandte er sich an Itosu und bat ihn, Karate am Shihan Gakko zu unterrichten. Daraufhin gründete Meister Itosu die Pinan Kata, auf deren Basis Kentsu Yabu den täglichen Unterricht am Lehrerkollegium führte.

Meister Yabu hatte die Offiziersschule abgeschlossen. Im chinesisch-japanischen Krieg kämpfte er in der japanischen Armee und erhielt dort den Rang eines Leutnants, was ihm später auf Okinawa den Spitznamen »Sergeant« einbrachte. Auf dem Schlachtfeld jedoch perfektionierte er sein Karate und entwickelte einen Stil, der äußerst effektiv und tödlich war.

Als er nach dem Krieg nach Okinawa zurückkehrte, wuchs sein Ruhm, und er wurde als unbesiegbarer Kämpfer bekannt. Zu jener Zeit gab es in Okinawa einen anderen Meister, der diesen Ruhm ebenfalls genoß: Choki Motobu[31]. Man arrangierte einen Zweikampf zwischen den beiden, in dem Motobu die einzige Niederlage seines Lebens erfuhr.

Kentsu Yabu war ein eifriger Verfechter der Grundschule und ein entschiedener Gegner der Interpretation des Karate als Sport. Er sagte einmal: »Karate ist ein Weg zu leben. Nur als solches bildet es einen starken Charakter, und nicht über den Weg des Sportes. Im Sport entsteht ein Karate, das der Kampfkunst und des Menschen unwürdig ist. Karate übt man weder zum Spaß noch für einen Preis.«

Meister Yabus direkte Schüler waren: Nakaima, Kyan, Taira, Toyama Kanken, Sakihara, Motoda, Takuda, Shiroma u. a.

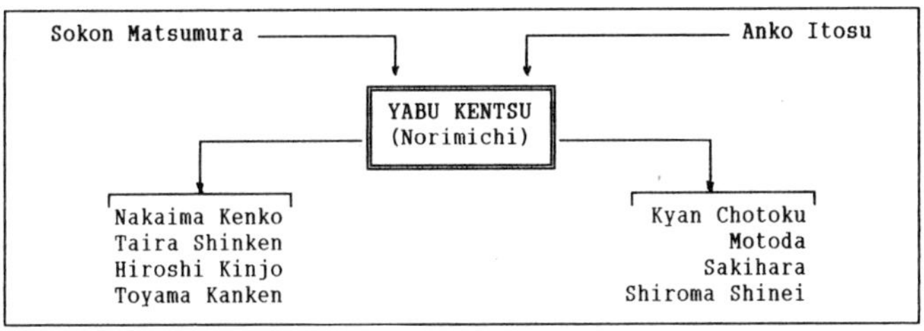

Die okinawanischen Stile des Shorin-ryu

Kobayashi Shorin-ryu

Die »Kleiner-Wald-Schule« ist ein traditioneller okinawanischer Karatestil des Shorin-ryu. Die Kampfkunst ist eine Ableitung aus der alten Itosu-Schule. Die heutigen Vorstände des Stils betrachten sich als Itosus direkte Erben. Kobayashi-ryu wurde von dem schon zu Lebzeiten legendären Choshin Chibana (1885 - 1969) im Jahre 1920 gegründet.

Die bedeutendsten noch lebenden Meister des Stils sind Yuchoku Higa (der Uchi-deshi Chibanas), Katsuya Miyahara und der offizielle Vorstand des Stils Nakazato Shugoro. Über Chibana leitet sich auch die Richtung Oshiro ab, die zu Kinjo Hiroshi (Kanagusuku) weiterführt, dem Begründer der Kata Shihozuki und Shihogeri (abgeleitet aus der Kata Seishan). Ein anderer Schüler von Chibana, Kensei Kaneshiro, gründete das Tozan-ryu.

Choshin Chibana

Meister Chibana wurde am 5. Juni 1885 in Shuri (Okinawa) geboren und begann im Alter von 15 Jahren ein akademisches Studium. Gegen den Willen seiner Eltern unterbrach er es und ging geradewegs zu dem großen okinawanischen Karatelehrer Yasutsune Itosu und bat ihn, sein Schüler werden zu dürfen. Bis zum Tod des berühmten Lehrers (1916) blieb er bei ihm. Als er 35 Jahre alt war, eröffnete er in Shuri ein Dojo und kurz darauf eine Zweigstelle in Naha. Den Stil, den er dort lehrte, nannte er *Kobayashi Shorin-ryu* und bezeichnete ihn als direkten Nachfolger des authentischen Itosu-ryu, dessen Inhalt die heutigen Vorstände des Stils immer noch getreu der alten Lehre beachten.

Choshin Chibana gilt als einer der größten okinawanischen Meister der neueren Generation. Schon zu seinen Lebzeiten wurde er weit über die Grenzen Okinawas hinaus als Meijin verehrt und galt selbst in Japan als lebende Legende. Aus einem großen Umkreis wurde er von vielen Meistern besucht, denn man betrachtete ihn als eine der letzten wirklichen Größen des okinawanischen Karate und als Bewahrer der Kampfkunsttradition. Technisch machte er sich besonders in der Verbreitung der Kata Kanku sho verdient, die Meister Itosu gegründet hatte und die heute im Kobayashi-ryu eine wichtige Rolle spielt.

Er unterrichtete ganze Gruppen von japanischen Studenten, die nach Okinawa pilgerten, um den weisen Mann zu sehen. Bemerkenswert war sein Umgang mit der überheblichen Universitätsmentalität der japanischen Studenten, die sich im krassen Widerspruch zu der Philosophie der Kampfkünste befand. Zu diesem Thema sagte er: »Wir alle haben ein bißchen Schwäche in uns. Auf die eine oder auf die andere Weise wollen wir manchmal etwas umsonst. Doch in der Kampfkunst gibt es dies nicht. Der Rang, der Fortschritt, der Status oder der Grad wird durch Arbeit und Hingabe erreicht und kann nur durch Beständigkeit in der Übung erhalten werden. Auf dem Weg zur Meisterschaft gibt es keine Abkürzung, sondern nur Arbeit, Schweiß und Schmerzen.«

Als man ihn einmal fragte, warum er den Weg des Karate gewählt habe, antwortete er: »Die einzige Gabe, die das Leben umsonst bietet, ist die Chance, an etwas zu arbeiten, das es wert ist, getan zu werden. In meinem Fall ist es Karate.«

1956 gründete Chibana die Okinawa Karate Kobudo Renmei und wurde ihr Präsident. Vom japanischen Butokukai, das inzwischen mit gespannten Interessen auf die okinawanischen Kampfkünste sah, erhielt er 1957 den Ti-

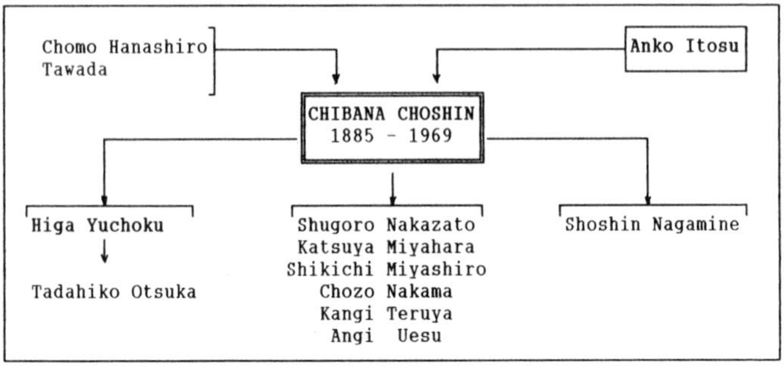

tel eines Hanshi[32] (Shihan), die höchste Auszeichnung, die es in den Kampfkünsten gibt. 1961 jedoch, als er feststellte, daß eine Einigung der okinawanischen Stile aussichtslos war, zog er sich aus der Okinawa Karate Kobudo Renmei zurück und gründete eine neue Organisation, die Okinawa Shorin-ryu Karate Kyokai, der er bis zu seinem Lebensende (1969) vorstand. Im Alter von 82 Jahren starb er an einer schleichenden Krankheit.

Als er gefragt wurde, welches die kostbarste Eigenschaft eines Kampfkunstmeisters sei, sagte er: »Ehre ! Ein Mann der Ehre ist ein Mann, der Versprechen gibt und sie hält. Ein Mann, der Versprechen gibt und sie nicht hält, besitzt keinen Wert. Er befleckt den wertvollsten Besitz, der einem Menschen gegeben ist — die Ehre. Ein Kampfkunstmeister ist ein ehrenvoller Mann.«

Meister Chibanas direkte Schüler waren: Shikichi Miyashiro, Shugoro Nakazato, Katsuya Miyahara, Chozo Nakama, Kangi Teruya, Angi Uesu und Yuchoku Higa.

Yuchoku Higa

Yuchoku Higa wurde am 8. Februar 1910 in Naha geboren und entstammt einer wohlhabenden Adelsfamilie. Als Junge klein und schmächtig, hatte er viele Schwierigkeiten mit seinen Schulkameraden. Als er 16 Jahre alt war, entschloß sich sein Vater, ihn in den Kampfkünsten ausbilden zu lassen. Er wendete sich an Jiro Shiroma, einen bekannten Meister des Shuri-te. Doch dieser lehnte den Jungen zunächst ab, weil er zu schwach war. Nach eindringlichen Bitten wurde der junge Yuchoku dann doch als Schüler angenommen.

Wie Yuchoku Higa selbst erzählt, waren die damaligen Unterrichtsstunden sehr verschieden von denen, die wir heute kennen. Die Übung beruhte fast ausschließlich auf der Arbeit an den Kata. Sein Meister sagte zu ihm: »Du darfst nicht fragen, wozu die Kata gut sind. Übe sie, das ist alles. Erst später wirst du verstehen. Dein Körper muß lernen, nicht dein Kopf.«

Doch Jiro Shiroma starb im Jahre 1933. Daraufhin übte Yuchoku Higa zunächst ein Jahr allein, bis er Jin'nan Shinzato, einen Schüler Miyagis und Meister des Gojuryu, kennenlernte, bei dem er anschließend Unterricht nahm.

Heute ist Yuchoku Higa der innere Vertreter (Uchi-deshi) von Choshin Chibanas Kobayashi-ryu und unterrichtet recht abgeschieden von der Öffentlichkeit in einem kleinen Dojo in Naha.

Yuchoku Higas Philosophie ist sehr einfach. Er sagt: »Man kann nichts unterrichten, was man nicht selbst mitgemacht und verstanden hat.« Deshalb trainiert der heute über siebzigjährige Meister jeden Morgen zwischen 5.30 und 6.30 Uhr für sich allein. Den Rest der Zeit verbringt er damit, seine Schüler zu unterrichten oder seine Bonsai zu schneiden. Viele seiner Schüler sind seit über 30 Jahren bei ihm und üben regelmäßig drei Mal in der Woche.

Sukunai-Hayashi-ryu

Das Sukunai-Hayashi-ryu ist ein weiterer traditioneller okinawanischer Kampfstil der Shorin-Schule. Direkt unter Sokon Matsumura aus Shuri lernte Nabe Matsumura, der der Lehrer von Hohan Soken (1889 - 1973) war. Dieser gründete den Stil (auch Shobayashi — Kleiner-Wald-Stil — genannt), der nach seinem Tod von Kise Fuji und Eizo (Zenryo) Shimabukuru vertreten wird. Heute ist das Sukunai-Hayashi-ryu neben dem Matsubayashi-ryu und dem Kobayashi-ryu das dritte große System des traditionellen okinawanischen Shorin-ryu.

Eizo (Zenryo) Shimabukuru

Eizo Shimabukuru, der Bruder von Taro (Tatsuo) Shimabukuru, dem Gründer des Tozan-ryu, gilt neben Kise Fuji als der Hauptvertreter des Shorin-Stils Sukunai-Hayashi-ryu. Er wurde im Jahre 1909 in Shuri (Okinawa) geboren und erlernte erst relativ spät die Kampfkünste. Im Alter von 25 Jahren zog er nach Chatan-cho und lernte dort den berühmten Meister Chotoku Kyan kennen, bei dem er Unterricht im Shorin-ryu nahm.

Nach zehnjährigem Training unter dem Meister begann er allmählich, selbst Schüler anzunehmen. Doch erst im Jahre 1962, 7 Jahre vor seinem Tod, baute er ein eigenes Dojo, das er Seibukan (Schule der heiligen Kunst) nannte. 1964 verlieh ihm die All Japan Karate-do Federation den 10. Dan.

Heute wird das Hombu-Dojo in Chatan auf Okinawa von seinem Sohn Zenpo Shimabukuru geleitet. Bedeutende Schüler des Meisters (Isamu Tumotsu in Osaka, Zenji Edward Takae in den USA u. a.) sorgen für die weltweite Verbreitung des Stils.

Matsubayashi-Shorin-ryu

Das Matsubayashi-ryu ist ein traditioneller okinawanischer Karatestil und wurde von Meister Shoshin Nagamine gegründet. Nagamine begann sein Karatestudium zuerst unter Choshin Chibana und wurde in seiner Jugend auch von Taro Shimabukuru unterrichtet. Nach einiger Zeit lernte er Ankichi Aragaki kennen und wurde zusammen mit seinem Lehrer Shimabukuru dessen Schüler. Sein nächster Lehrer war Chotoku Kyan, ein zu jener Zeit perfekter Meister der Kampfkünste, der ihn sehr stark beeinflußte.

1953 eröffnete Shoshin Nagamine sein erstes Dojo in Naha und nannte seinen Stil Matsubayashi-ryu (Pinienwaldschule) zu Ehren der großen okinawanischen Meister Matsumura (Shuri) und Matsumora (Tomari), in deren Reihe er selbst sich als drittes Glied in der Generationskette der traditionellen okinawanischen Kampfkünste betrachtet. Entsprechend den alten Inhalten wird Matsubayashi-ryu auch noch heute als rein traditioneller Stil im

Hombu-Dojo von Naha geübt. Dort unterrichtet Shoshin Nagamine zusammen mit seinem Sohn Takayoshi Nagamine die alte traditionelle Kampfkunst Okinawas. Nagamine selbst über das japanische Wettkampf-Karate: »Es mag in einigen Fällen angehen, alte Künste zu korrigieren, um sie modern und populär zu machen. Es ist jedoch gefährlich und unklug, alte Dinge zurückzuweisen, nur weil sie alt sind. Das Karate wurde von unseren Vorfahren geschaffen und hat in seiner langen Geschichte von Generation zu Generation viele Schwierigkeiten überwunden und überlebt, ohne jemals seinen essentiellen Geist zu verlieren. Karate hat, wie alle klassischen Künste, das Potential, den Bedürfnissen verschiedener Zeitalter nachzukommen und aus sich selbst heraus etwas Neues entstehen zu lassen, ohne dabei jedoch die grundlegenden Elemente zu verleugnen, auf denen es begründet wurde. Die Katatrainingsmethoden der alten Meister müssen beachtet werden, denn Karate war als Kampfkunst gedacht und nicht als Sport, dessen einziges Ziel es ist, einen Gegner nach Punkten zu besiegen. Karate besitzt ein altes Erbe voller Weisheit. Laßt uns dem Weg des Karate folgen, wie er uns von den alten Meistern gezeigt wurde.«

Das Matsubayashi-Shorin-ryu wurde auf der Basis von 16 Kata gegründet, die von den Meistern Choki Motobu, Chotoku Kyan und Ankichi Aragaki stammen. Später wurden noch zwei Schülerkata (Fukyugata 1 und Fukyugata 2) hinzugefügt.

Shoshin Nagamine

Shoshin Nagamine, der Gründer des Matsubayashi-ryu, wurde in Tomari am 15. Juli 1907 geboren. Im Alter von 17 Jahren begann er unter Chojun Kuba (Chibana) mit der Übung des Karate. Als 19jähriger ging er nach Shuri und wurde Schüler von Taro Shimabukuru. Nach einiger Zeit begegnete er Ankichi Aragaki und wurde zusammen mit Shimabukuru dessen Schüler.

Von 1931 bis 1935 war er in der Ortschaft Kadena an der Polizeistation tätig und erhielt in dieser Zeit Karateunterricht von Chotoku Kyan. Von diesem lernte er die Kata Bassai, Kushanku und Chinto (Gankaku). 1936 studierte er an der Polizeiakademie in Tokyo. Gleichzeitig war er Schüler von Choki Motobu. Zu dieser Zeit begann er auch mit dem Studium des Kendo.

Im Mai 1940 legte er in Kyoto eine Prüfung ab, welche ihn zum Karatelehrer qualifizierte. Nach dem Krieg trat er wieder den Polizeidienst an und begann in Motobu Kollegen im Judo und Karate zu unterrichten. 1947 gründete er den Stil Matsubayashi-ryu (Matsu oder Sho = Pinie; Hayashi oder Rin = Wald). Diese Schriftzeichen wählte er zur Ehrung der großen okinawanischen Meister Matsumura (Shuri) und Matsumora (Tomari), in deren Reihe er sich selbst als drittes Glied betrachtet. 1953 eröffnete Nagamine sein eigenes Dojo in Naha, das er Kodokan Karate-do Kobujutsu nannte.

Nagamine ist der Präsident der Okinawa Karate Kobudo Renmei und der World Shorin-ryu Karate Federation. Zusammen mit seinem Sohn Takayoshi Nagamine steht er dem Stil vor.

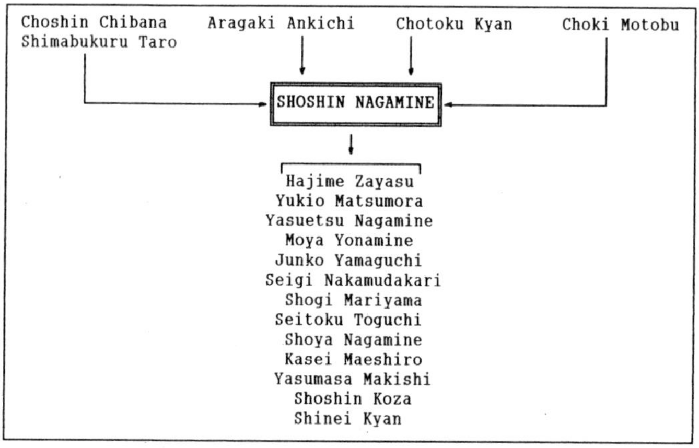

Shorin-ryu in Japan

Die gesamte Entwicklung des japanischen Karate ist mit einem Namen verbunden, der heute von allen Anhängern dieser Kunst zu Recht als der Vater des modernen Karate angesehen wird: Gichin Funakoshi.

Shotokan-ryu

Gichin Funakoshi

Der Vater und Begründer des modernen Karate wurde 1869 auf Okinawa (Bezirk Yamakawa-cho) als einziger Sohn einer einfachen Samurai-Familie der damaligen Shizoku-Klasse (privilegierte Klasse) geboren. Funakoshis Vater war ein Experte im Kampf mit dem okinawanischen Stock (Kon).

In seiner Kindheit lebte er bei seinem Großvater Gifu, der ein bekannter konfuzianischer Gelehrter war. Von ihm lernte er die vier großen chinesischen Klassiker[33]. Bereits in seiner Grundschulzeit begegnete er Meister Anko Azato[34], dem inneren Schüler (Uchi-deshi) der Matsumura-Linie, und begann bei ihm mit dem Unterricht im Karate-do.

Für den jungen Funakoshi war dies eine harte Zeit, dennoch spricht er in seinem Buch *Karate-do, mein WEG*

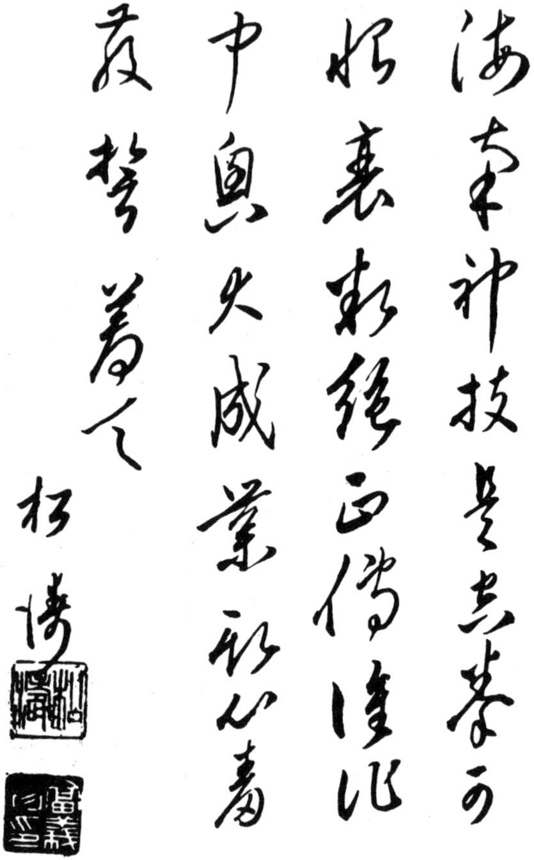

Auf die Insel in den südlichen Meeren
gelangte eine ausgezeichnete Kunst.
Sie heißt Karate.
Zu meinem großen Bedauern verfiel die Kunst,
und ihre Weitergabe ist zweifelhaft.
Wer wird die große Aufgabe übernehmen,
damit sie wieder aufgebaut wird und überlebt?
Diese Aufgabe will ich übernehmen.
Wer wird es tun, wenn ich es nicht tue?
Ich blicke in den blauen Himmel...

Gichin Funakoshi

mit Ergriffenheit von seiner Jugend, in der er trotz vieler Entbehrungen schon früh den Wert der Freundschaft erfuhr, die ihn bis zu seinem Lebensende mit seinen Lehrern verband. Zu jener Zeit wurde Karate im Geheimen geübt, und dies machte es nötig, seinen Lehrer bei Nacht zu besuchen. Jeden Abend ging er zum Haus seines Meisters Azato, und oft dauerte das Training bis in die Morgenstunden. Es bestand nur aus den Wiederholungen der Kata, und nichts konnte den Meister dazu bewegen, auch nur ein einziges Mal davon abzusehen. Funakoshi erinnert sich, daß es Momente gab, in denen er tiefste Verbitterung und Erniedrigung empfand, doch seine Ausbildung bestand darin, gerade diese Empfindungen zu überwinden.

Oft war Meister Itosu bei Azato zu Gast, und während Funakoshi seine Kata übte, unterhielten sich die beiden über philosophische Aspekte der Kampfkunst. Doch so sehr er sich auch anstrengte, diese Gespräche mitzuhören, er durfte es nicht. Meister Azato verwies ihn jedesmal zu seiner Übung, sparte mit Lob und tadelte viel. Es vergingen die Jahre, und in seiner Ausbildung änderte sich nichts. Getreu dem Grundsatz, mindestens drei Jahre für eine Kata (Hitokata sannen[35]), lehrte der Meister ihn erst dann eine neue Form, wenn er die alte gut genug beherrschte. Funakoshi schrieb, daß er zehn Jahre lang täglich die Tekki-Kata üben mußte, ehe der Meister mit ihm zufrieden war.

1888 machte er die Prüfung zum Hilfslehrer an der Schule in Shuri. 1891 wurde er jedoch nach Naha versetzt und zum Hauptschullehrer befördert. Seine Verbindung zu seinen Shuri-te-Lehrern Azato und Itosu brach nie ab, obwohl er nun in Naha mit den Meistern Kyuna, To'onna, Niigaki und Sokon Matsumura zu üben begann.

1901/1902 leitete er eine Karatedemonstration in der Schule von Naha anläßlich eines Besuches des Schulkommissars der japanischen Provinz Kagoshima, Herrn

Shintaro Ogawa. Dessen Bericht veranlaßte das Kultusministerium in Tokyo, Karate als Teil des Lehrplanes an den okinawanischen Schulen einzuführen, woraufhin Meister Itosu die Pinan-(Heian-)Kata gründete. In der Folgezeit gab es mehrere Kontakte zwischen bekannten japanischen Persönlichkeiten und dem okinawanischen Karate, in dem Funakoshi eine immer bedeutendere Rolle zu spielen begann. Die Kampfkunstexperten Japans begannen sich immer mehr für die okinawanische Kampfkunst zu interessieren, zumal sie wegen der politischen Entspannungen die Zeit als gekommen sahen, das okinawanische Geheimnis zu lüften.

Nach dreißig Jahren Schullehrzeit bat Funakoshi um seine Entlassung und widmete sich vollständig den Kampfkünsten. Durch ihn hatte Japan zum ersten Mal seit dreihundert Jahren wirklichen Kontakt zum okinawanischen Karate, als Meister Funakoshi im Jahre 1916 nach Kyoto fuhr und dort eine Karatedemonstration veranstaltete. Am 6. März 1921 kam dann der japanische Erbprinz Hirohito nach Okinawa, und ihm zu Ehren wurde eine erneute Karatedemonstration gegeben.

Um die Jahrhundertwende erlebte das Kaiserreich die Geburt des japanischen Imperialismus und der militärischen Macht und verzehrte sich im Bestreben nach weltweitem Ansehen und internationalen Kontakten. Schon früh erkannte man in den Regierungszentralen die Faszination der Kampfkünste auf die Massen, und so kam es, daß auch die Wege des Karate nicht unbeeinflußt von der japanischen Politik blieben. Die Geschichte nahm ihren Lauf, und schon wenige Jahre später hatten die okinawanischen Meister vollkommen die Kontrolle über ihre Kunst verloren.

Es begann damit, daß im Jahre 1921 seitens des japanischen Kultusministeriums eine Einladung an das Okinawa Shobu Kai (Vereinigung der Kampfkünste) erging, das okinawanische Karate anläßlich einer großen Kampfkunstdemonstration in Tokyo vorzustellen. Dort nahm man diese Einladung mit gemischten Gefühlen an, denn man erinnerte sich an den gescheiterten Versuch von Norimichi Yabu (1920), Karate in den USA zu verbreiten. Zugleich jedoch betrachtete man die Einladung auch als Gelegenheit, Karate-do in die Welt zu senden — als okinawanische Botschaft für den Frieden.

Auf jeden Fall — so beschloß man — mußte es ein Mann sein, dessen Charakter über jeden Zweifel erhaben war. Er sollte dem okinawanischen Volk Ehre bereiten und es würdig im Ausland vertreten.

Nach langen Beratungen der okinawanischen Meister fiel die Wahl auf Gichin Funakoshi. Er war als Mann von feinem Charakter bekannt und hatte die Kampfkunst auf einem hohen Niveau gemeistert. Außerdem war er ein Meister der Kalligraphie und der Dichtkunst, gleichermaßen bewandert in der japanischen Sprache wie auch in der okinawanischen Kultur. Er sollte nach Japan gehen und den Japanern einen dreihundert Jahre alten Wunsch erfüllen: die Freigabe des Geheimnisses um das alte okinawanische Tode. Doch er sollte nicht nur ein Meister der Kampfkunst sein, sondern ein Bote der Freundschaft, denn eine jahrhundertealte tiefe Feindschaft belastete die Beziehung zwischen beiden Ländern.

Niemand ahnte damals, daß die Reise Funakoshis im Mai 1922 eine Reise ohne Rückkehr werden sollte. In seinem freiwilligen Asyl widmete der damals 53jährige Meister den Rest seines Lebens der Verbreitung des Karate-do. Bereits im November desselben Jahres veröffentlichte Funakoshi seine erste Arbeit, *Ryukyu Kempo Karate*, in der er sich sichtlich bemühte, die philosophischen Hintergründe des okinawanischen Karate in den Vordergrund zu heben. Das Buch fand in Japan jedoch nicht den gewünschten Erfolg. Außerdem wurde ein Jahr später die Druckvorlage durch ein Erdbeben zerstört. Daraufhin veröffentlichte Funakoshi sein zweites Werk, *Renten Goshin Karate Jitsu*, in dem in der Gesamtauffassung Kanos Einfluß bemerkbar wurde. Entgegen jeder okinawanischen Auffassung von Lehre und Meister-Schüler-Verhältnis bauten sich die japanischen Meister große Dojo (manchmal auch mehrere an der Zahl) und warben, ähnlich wie heute im Westen, um die Gunst der Schüler. Es ging nicht mehr der Schüler zum Meister, wie dies in Okinawa üblich war, sondern der Meister mußte sich die Schüler suchen und sie mit Angeboten halten.

Schon nach kurzer Zeit erregte der Meister das Aufsehen mehrerer prominenter Kreise des japanischen Budo, unter anderem auch das des legendären Jigoro Kano, dem Begründer des Judo. Zeit ihres Lebens verband die beiden Meister eine tiefe Freundschaft. Man sagt, daß Meister Funakoshi sich, auch nachdem Kano 1938 starb, jeden Morgen zu Ehren des großen Meisters in Richtung Kodokan verbeugte.

Trotz der großen Resonanz waren die Anfänge schwer. Lange Zeit lebte Meister Funakoshi in großer Not, verdiente sich tagsüber ein wenig Geld mit allerlei Arbeiten und unterrichtete abends seine ersten Schüler. Er hatte keine Wohnung und schlief im Studentenschlafsaal, den er als Gegenleistung sauber hielt. Erst im September 1924 gründete er den ersten Karateklub an der Keio-Universität. Darauf folgte ein Klub an der Ichiko-Universität (1926), und 1927 folgten die Universitäten Takushoku, Waseda, Hosei, Meiji, Nihon, Shodai, die medizinische Hochschule, die Kaiserliche Universität, die Wirtschaftshochschule und die Landwirtschaftshochschule. Durch den Zustrom von Schülern verbesserte sich Meister Funakoshis anfänglich schlechte finanzielle Lage etwas, und er konnte in eine eigene Wohnung umziehen.

Meister Funakoshis Weg durch die Kampfkünste, der

schließlich zur Gründung des von ihm nicht beabsichtigten Shotokan-Stils führte[36], war nicht frei von menschlichen Emotionen und Enttäuschungen. Der Meister selbst war durch seinen okinawanischen Ursprung zweigleisig beeinflußt: von Itosu erbte er ein immenses technisches Wissen und Können in den Kampfkünsten, während er Azatos strenge Richtung und seinen Lebensstil (Saho) besaß. Beides in Japan zu vereinigen, schien zunächst unmöglich. Seine besondere Freundschaft zu Meister Kano, die er bis zu seinem Lebensende tief verinnerlichte, brachte ihn in große Konflikte zu seiner traditionellen Auffassung über die Lehre der Kampfkunst, was bei seinen Schülern der ersten Generation zwiespältige Eindrücke hinterließ.

In den ersten Jahren von Funakoshis Unterricht fand sich der Meister nur schwer mit diesen Umständen zurecht, obwohl er in vielen Fällen mit Kanos moderner Auffassung über die Kampfkünste übereinstimmte. Er unterrichtete zwar in mehreren Klubs, doch es gelang ihm anfangs nicht, außer Makoto Gimma einen nennenswerten Schüler hervorzubringen. Kanos Maßnahmen, alles zu modernisieren, was vorher auch in den japanischen Kampfkünsten unumstößlich schien, beeinflußte auch das Karate und bewirkte in Funakoshis Dojo, daß einige Schüler, die das Vergehen an der Tradition nicht billigten, ihn verließen. Deshalb war der Meister gezwungen, Kompromisse in der Trainingsführung zu schließen, die danach häufig seine eigentliche Absicht überstiegen.

Zwar war der Meister von vielen Ideen Kanos begeistert, besonders von den Dangraduierungen, doch im Unterricht der Techniken blieb er nach wie vor unerbittlich: er verbot jede Neuerung und erlaubte nur Kata und Bunkai. 1927 tauchten dann die ersten gravierenden Probleme auf.[37] Drei seiner Schüler setzten sich über seine ausdrücklichen Weisungen hinweg und begannen Übungskonzepte zu entwickeln, die sich an der Wettbewerbsauffassung des Kendo orientierten. Böse über diese Regelübertretung, verbot er ihnen, jemals wieder sein Dojo zu betreten. Doch der Bann war gebrochen. Die Schüler begannen viele persönliche Neigungen zu entwickeln und gerieten dadurch auch untereinander in nicht aufzuhebende Konflikte. Hironori Ohtsuka, sein bedeutendster Schüler zu jener Zeit, spielte mit dem Gedanken, den Meister zu verlassen, weil er die strengen Maßstäbe Funakoshis nicht billigte und das Verbot zur Entwicklung der Angriffstechnik als ein Hindernis zu seinem Fortschritt betrachtete. Funakoshi schätzte Ohtsuka sehr, denn er war ihm in der grundlegenden Auffassung gleichgesinnt und in der Kampfkunst ebenbürtig. Doch er konnte nicht verhindern, daß Ohtsuka sich von ihm trennte, um seine eigene Vorstellung, das spätere Wado-ryu, zu verwirklichen.

Ohtsuka sah sich zu jener Zeit von Funakoshi in seiner Eigenentwicklung behindert, weil dieser ihm strikt verbot, an seinem Konzept des freien Angriffes weiterzuarbeiten. Außerdem gab es eine starke Rivalität mit Yoshitaka[38], dem Sohn des Meisters, dessen eigenwillige Auffassungen von Ohtsuka nicht gebilligt wurden. Eines Tages gab es eine offene Auseinandersetzung zwischen den beiden (Grund dafür war eine anmaßende Kritik Yoshitakas an einem von einem Goju-Experten veröffentlichten Artikel), und Ohtsuka verließ für immer die Schule.

Sehr viele der japanischen Größen gingen durch Funakoshis Dojo. Des öfteren war Yoshitaka der Anlaß dafür, daß sie das Dojo wieder verließen und sich anderweitig orientierten. Doch es begannen sich langsam Schüler zu etablieren, die nach Ohtsukas Abgang das Shotokan würdig zu vertreten verstanden. Zu ihnen gehörten vor allem Takeshi Shimoda, Shigeru Egami und Genshin Hironishi, die in Abwesenheit des Meisters langsam die Spitzen des Shotokan bildeten. Es waren die Leute der alten Gar-

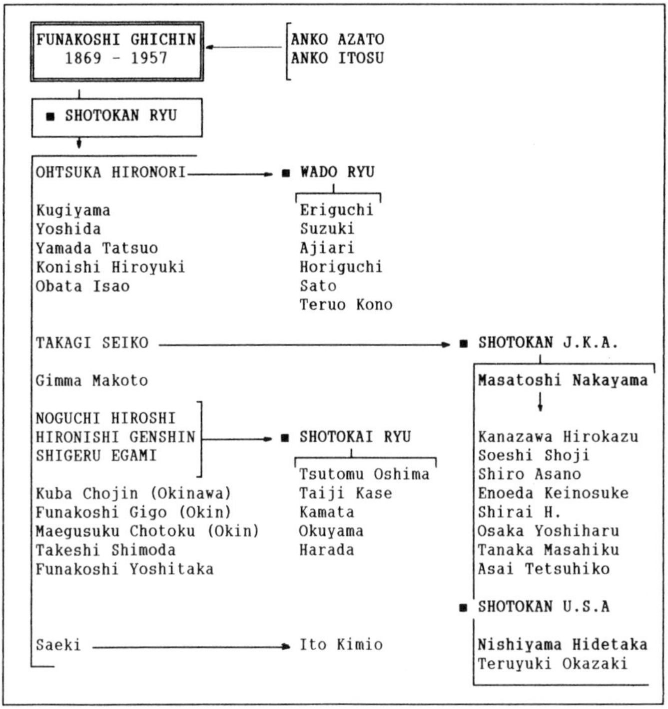

de, die zu jenen Schülern Funakoshis, die nach dem Weltkrieg eine vollkommene Revision der Kampfkunst forderten (Nakayama, Obata, Nishiyama u. a.), eine starke Opposition bildeten und die eigentlichen Vertreter von Funakoshis Kampfkunst wurden.

1935 erschien *Karate-do Kyohan* [39], der ›Text des Meisters‹, Funakoshis eigentliches Lehrbuch über das Shotokan Karate-do. Doch die allgemeine Situation des Karate hatte sich inzwischen sehr verändert. Wie eine Explosion verbreitete sich die Kampfkunst, und die Nachfrage an Lehrern war sehr groß. Plötzlich kamen viele Männer aus Okinawa nach Japan, doch nur die wenigsten unter ihnen waren Karatelehrer. Sie eröffneten Dojo und bildeten die Schüler in Techniken des Straßenkampfes aus, was dazu führte, daß Karate einen sehr schlechten Ruf bekam. Nicht anders als heute auch konnten die damaligen Schüler den Unterschied nicht erkennen und nahmen freudig auf, was den Namen Karate trug.

Ganz plötzlich geriet Karate in eine schwere Krise. Die wenigen wirklichen Lehrer, die in Japan waren (Funakoshi, Mabuni und Miyagi) hatten keinen Einfluß mehr auf diese Entwicklung. Die Pseudolehrer lehrten ohne Etikette (Saho) und Disziplin (Dojokun). Sie bezeichneten die Kata als veraltet und unterrichteten stattdessen Kampftechniken. Obwohl sie sämtliche Grundsätze des Karate auf den Kopf stellten und das Gesetz der Faust lehrten, fanden sie bei den Massen großen Anklang. Das Karate begann sich in zwei Richtungen zu teilen: die Kunst der wirklichen Lehrer, die nach wie vor in der Tradition verankert war, und die Absplitterung in die äußere Technik, die zu jener Zeit wegen des Mangels an Organisation häufig zu wüsten Straßenkämpfen führte.

1936 wurde das Shotokan-Dojo im Meijuro-Viertel Tokyos eröffnet, das erste private Karate-Dojo Tokyos mit einem wirklichen Lehrer. Das Dojo genoß bis in die höchsten Kreise Tokyos einen guten Ruf, denn Meister Funakoshi wählte seine Schüler sehr sorgfältig aus. Die älteren Schüler des Dojo übernahmen den Unterricht an den Universitäten. Diese Schule war im Gegensatz zu vielen anderen sehr sorgfältig aufgebaut worden und hatte deshalb eine Ausnahmestellung. Meister Funakoshi war stets darauf bedacht, die geistige Schicht Tokyos anzusprechen, und deshalb befanden sich unter seinen Schülern viele, die die Kunst auch jenseits ihrer körperlichen Aspekte gemeistert hatten. Dennoch war der Drang zum Kämpfen auch bei den Schülern Funakoshis sehr deutlich, besonders in den Reihen der in der zweiten Generation heranwachsenden Meister (Nakayama, Nishiyama, Obata u. a.). Nach und nach machte der alte Meister Zugeständnisse in dieser Richtung, von denen er glaubte, daß sie das Wesen seiner Kunst nicht gefährden würden. So begann man 1943 mit der Übung des Gohon-kumite, dann Sanbon-kumite und schließlich Ippon-kumite. An dieser Entwicklung war besonders Meister Nakayama von der Takushoku-Universität beteiligt, der zu den älteren Lehrern des Shotoka-Dojo nicht das beste Verhältnis hatte.

Danach begann der zweite Weltkrieg, das Shotokan-Dojo wurde durch Bomben zerstört, und Meister Funakoshis Sohn Yoshitaka starb 1945 an Tuberkulose. Der Meister reiste daraufhin nach Kyushu, wo er seine Frau traf, die er seit dem Verlassen Okinawas nicht mehr gesehen hatte. Beide lebten in großer Armut unter den Kriegsflüchtlingen, und 1947 starb Funakoshis Frau.

Im selben Jahr reiste er zurück nach Tokyo, wo er bis 1948 sehr zurückgezogen lebte. Dann begann er wieder an den Universitäten Keio und Waseda Karate zu unterrichten. Doch seine Zeit war vorbei, und er beauftragte seinen treuesten Schüler Shigeru Egami, die Kampfkunst in seinem Namen weiterzuführen. Dieser respektierte den Willen des Meisters und lehrte den Stil treu in Gesinnung und Methode bis zu seinem Lebensende (1981), an dem er als seinen weiteren Nachfolger Tsutomu Oshima bestimmte.

Doch bereits im Jahre 1946 war Meister Nakayama, einer von Funakoshis Schülern aus der neueren Generation, aus China zurückgekehrt und begann in Funakoshis Abwesenheit die Schüler der Takushoku-Universität neu zu organisieren. Nakayama gelang es, sie zu einigen, und 1949 gründete er die JKA (Japan Karate Association), um Karate-do als Wettbewerbssport zu verbreiten. Nakayama selbst arbeitete ein Programm für Wettkampf-Karate aus, doch als er Meister Funakoshi dabei um die Genehmigung bat, verweigerte dieser ihm jede Hilfe.

Die neue Organisation nannte sich ebenfalls Shotokan und fand Unterkunft in den ehemaligen Räumen des Kodokan, im Yotsuya-Viertel in Tokyo. Als Vorstand wählte man Isao Obata, und Meister Funakoshi wurde zum Ehrenausbilder ernannt.

Entgegen den heute als offiziell bekannten Wahrheiten war Meister Funakoshis Beziehung zur JKA mehr als lose. Die Verbandspolitik dieser Organisation und ihr unbändiges Streben nach Macht und internationaler Verbreitung fand nicht seine Anerkennung. Für die JKA war der alternde Meister nicht mehr als ein Markenzeichen, ein zum Symbol gewordener wehrloser Mann. Man berief sich auf sein Erbe, doch die wahren Wege seiner Kunst wurden zu eigennützigen Zwecken verlassen.

Für die Meister der JKA, die in ihrer Jugend durch Funakoshis harte Ausbildung gingen, war es leicht, gegen die vielen Wettkampfschulen der damaligen Zeit zu bestehen und innerhalb nur kurzer Zeit eine absolute Machtstellung einzunehmen. Doch gleich mit wieviel fundiertem Wissen und Bindung an inhaltliche Werte sie Karate zu verbreiten versuchten, die unerfahrenen Massen griffen nur die Formen auf und interpretierten es auf ihre Weise. Dadurch bewahrheiteten sich Meister Funakoshis Bedenken, und der Weg des Karate geriet in die Oberflächlichkeit der Formen.

Kurz nach der Gründung begann die Einheit der JKA bereits zu wanken, denn Isao Obata verließ die Organisation, um — wie noch viele andere nach ihm — seinem eigenen Weg zu folgen. Im Jahre 1955 übernahm Masatoshi Nakayama selbst ihre Leitung, und es gelang ihm, den ersten offiziellen Wettkampf auszutragen, der von Hirokazu Kanazawa gewonnen wurde. Doch Meister Funakoshi erlebte dies nicht mehr, denn er starb am 26. April 1957 im Alter von 88 Jahren.

Mit ihm ging einer der größten Meister des Karate, die es je gab. Sein Leben war von einem anhaltenden Kampf um jene menschlichen Werte gekennzeichnet, die es in der Übung des Karate-do zu erreichen gilt. Er verabscheute die Ausbildung von Kämpfern ohne Moral und wurde deshalb oft belächelt. Zu jenen, die das nicht einsahen, pflegte er zu sagen: »Was nützt euch eure starke Technik, wenn ihr keine Philosophie besitzt ?«

Wie weit weg davon sind heute jene Schüler, die sich auf ihn berufen, doch in Wahrheit nur eine sinnlose Parodie veranstalten, von der sie behaupten, daß es Funakoshis Erbe sei. Was würde der Meister sagen, wenn er heute in die Dojo sehen könnte und erfahren würde, was aus seiner Kunst geworden ist ? Würde er im Machtkampf der Organisationen und in der Ahnungslosigkeit mancher ihrer Vorstände auch nur einen einzigen Wesenszug davon entdecken, was er selbst einmal lehrte ?

Es liegt an jedem Schüler der Kampfkünste selbst zu entscheiden, ob dort, wo heute unter dem Stempel des Offiziellen naive Gedankenlosigkeit im Vordergrund steht, nicht doch ein bißchen Geist dazugehört. Wenn es wirklich so ist, daß der Mensch durch seinen Auftrag dem Leben gegenüber an Wahrheit und Sinn gebunden ist, wurden viele heutige Kampfkunstdojo dabei vergessen.

Die bedeutendsten Schüler des Shotokan sind: Shigeru Egami (Uchi-deshi), Hironori Ohtsuka (Gründer des Wado-ryu), Genshin Hironishi, Takeshi Shimoda, Hidetaka Nishiyama, Yoshitaka Funakoshi, Isao Obata, Tagaki Seiko, Kugiyama, Saeki, Masatoshi Nakayama (Gründer der JKA), Kimio Ito, Yoshida, Toshio Kamada, Chotoku Maegusuku, Makoto Gimma, Tatsuo Yamada, Hiroyuki Konishi, Noguchi Hiroshi u. a.

Gegen Ende seines Lebens stellte Meister Funakoshi 20

Regeln auf (Shoto Nijukun), die zu beachten er dringend riet.

Shoto Nijukun

(1) *Karate-do wa rei-ni hajimari, rei-ni owaru koto-o*: Karate beginnt mit Respekt und endet mit Respekt.

(2) *Karate-ni sente nashi*: Im Karate macht man nicht die erste Bewegung.

(3) *Karate-wa gi-no-tasuke*: Karate ist ein Helfer der Gerechtigkeit.

(4) *Mazu jiko-o shire, shikoshite tao-wa shire*: Erkenne dich selbst zuerst, dann den anderen.

(5) *Gijutsu yooi shinjutsu*: Intuition ist wichtiger als Technik.

(6) *Kokoro-wa hanatan koko-o yosu*: Lerne deinen Geist zu kontrollieren und befreie ihn dann.

(7) *Wazawai-wa getai-ni shozu*: Unglück geschieht immer durch Unachtsamkeit.

(8) *Dojo-nomino karate-to omou na*: Glaube nicht, daß Karate nur im Dojo stattfindet.

(9) *Karate-no shugyo-wa issho de-aru*: Karate üben, heißt ein Leben lang zu arbeiten; darin gibt es keine Grenzen.

(10) *Arai-yuru mono-o karate-wa seyo, soko-ni myo mi-ari*: Verbinde dein alltägliches Leben mit Karate, dann wirst du *myo* finden.

(11) *Karate-wa yu-no-gotoshi taezu netsudo-o ataezareba moto-no mizu-ni kaeru*: Wahres Karate ist wie heißes Wasser, das abkühlt, wenn du es nicht beständig erwärmst.

(12) *Katsu kangae-wa motsu namakenu kangae-wa hitsuyo*: Denke nicht ans Gewinnen, doch denke darüber nach, wie du nicht verlierst.

(13) *Tekki-no yotte tenka seyo*: Verändere deine Verteidigung gegenüber dem Feind.

(14) *Tattakai-wa keyo-jitsu-no soju ikan-ni ari*: Der Kampf entspricht immer deiner Fähigkeit, mit *keyo* (unbewacht) und *jitsu* (bewacht) umzugehen.

(15) *Hito-no-teashi-o ken to omou*: Stelle dir deine Hand und deinen Fuß als Schwert vor.

(16) *Danshi mon-o izureba hyakuman-no tekki ari*: Wenn du den Ort verläßt, an dem du zu Hause bist, machst du dir zahlreiche Feinde. Ein solches Verhalten lädt dir Ärger ein.

(17) *Kamae-wa shoshinsha-ni ato-wa shizentai*: Anfänger müssen alle Haltungen ohne eigenes Urteil meistern, erst dannach erreichen sie einen natürlichen Zustand.

(18) *Kata-wa tadashiku jissen-wa betsu mono*: Die Kata muß ohne Veränderung korrekt ausgeführt werden, im wirklichen Kampf gilt das Gegenteil.

(19) *Chikara-no kyojaku karada-no shinshiku waza-no kankyo-o wasaruna*: Hart und weich, Spannung und Entspannung, langsam und schnell — alles in Verbindung mit der richtigen Atmung.

(20) *Tsune-ni shinen kufu seyo*: Erinnere dich und denke immer an *kufu* — lebe die Vorschriften jeden Tag.

Shoto — der Grundbegriff

»Shoto« bedeutet in der wörtlichen Übersetzung »Pinienrauschen«. Mit diesem Begriff pflegte Meister Funakoshi seine Gedichte zu unterzeichnen, und bald wurde der Name so bekannt, daß man ohne ihn den Namen Funakoshi überhaupt nicht mehr zuordnen konnte. In Japan wurde Shoto für den Karatestil gebraucht, den Meister Funakoshi lehrte. »Shoto-kai« bedeutet »die Vereinigung des Shoto-Stils«, und »Shoto-kan« bedeutet »der Ort (das Zentrum) für den Shoto-Stil«. Die heute manchmal als getrennt angesehenen Stile haben denselben Ursprung. Der offizielle Erbe Funakoshis, Shigeru Egami, blieb bei der Bezeichnung Shotokai, während die Gründer der JKA die Bezeichnung Shotokan gebrauchten.

Die Entstehung des Shotokai

Shotokai ist die Bezeichnung für das traditionelle Erbe von Meister Funakoshis Kampfkunst, das nach seinem Tod (1957) von seinem ältesten Schüler Shigeru Egami angetreten und bis zu dessen Tod (1981) getreu in Gesinnung und Methode weitergeführt wurde. Zusammen mit Genshin Hironishi stand Meister Egami dem Stil lange vor und entwickelte ihn auf der traditionellen Linie weiter. Meister Funakoshis ausdrücklichem Wunsch folgend, ist in der Shotokai-Organisation (Nihon Karate-do Shotokai) das Wettkampf-Karate untersagt. Die Prinzipien des Shotokai-Karate sind in Egamis Buch *The Heart of Karate-do* zusammengefaßt und stimmen weitgehend mit den

Erläuterungen aus Funakoshis *Karate-do Kyohan* überein, deren Urheberrechte sich im Besitz der Familie Egami befinden. Funakoshis Buch wurde von Tsutomu Oshima, dem heutigen Vorstand des Shotokai, ins Englische übersetzt.

Shotokai ist der Name einer von Funakoshis Schülern im Jahre 1935 gegründeten Organisation zur materiellen Unterstützung ihres Lehrers. Nach dem Krieg wurde Meister Egami, der an der Entstehung des Shotokai wesentlich beteiligt war, der erste Assistent von Meister Funakoshi und somit der wichtigste Vertreter seiner Lehre. Nachdem Meister Funakoshi gestorben war, wurde das Shotokai im Jahre 1958 neu organisiert. Meister Genshin Hironishi wurde ihr Präsident und Meister Shigeru Egami ihr Chief Instructor. Dies alles geschah im Einvernehmen mit der Familie Funakoshi. Diese Organisation verstand sich als traditionelles Erbe von Funakoshis Lehre und als Gegensatz zur JKA, die das Shotokan-Karate als Wettbewerb lehrte.

In den Jahren 1958 bis 1961 leistete Meister Egami wichtige Nachforschungen über die Übung. Er wurde als Treuhänder von Funakoshis Lehre angesehen, und all sein Bestreben galt der Bemühung, den Unterricht seines Meisters noch zu vertiefen. In diesem Sinne lehnte er die Art des Karate, die von den Meistern der JKA vertreten wurde, vollkommen ab und erklärte sie als weit von der ursprünglichen Lehre entfernt. So z. B. kritisierte er stets die Entwicklung der Techniken, die mit immer mehr Kraft ausgeführt wurden. Meister Funakoshis Techniken waren immer entspannt und weich. Egami akzeptierte auch niemals die Wettkämpfe, weil er darin einen Widerspruch zum Geiste des Karate-do sah und weil der Wettkampf die Übung im Dojo immer mehr auf Kraft und Spannung verlagerte. »Der Körper ist begrenzt, doch der Geist kann immer weiter gehen« war seine Devise. Die

Grundidee seines Karate war, das Kumite (vorgeschrieben oder frei) als eine Suche nach Harmonie zwischen zwei Partnern zu lehren und nicht als egoistischen Wunsch, einen anderen zu besiegen.

Shotokan — das Hauptdojo

Mit Shoto-kan bezeichnete man in den 30er Jahren Meister Funakoshis Karate-Dojo. »Shoto« war Funakoshis Künstlername, und »Kan« bedeutet »Haus« oder »Tempel«. Meister Funakoshis Shotokan ist nicht identisch mit dem später von Meister Nakayama errichteten Shotokan, eine Bezeichnung, unter der die JKA gegründet wurde. Nachdem Meister Nakayama aus China zurückgekehrt war, errichtete er in den ehemaligen Räumen des Kodokan das neue Shotokan-Zentrum für die Verbreitung des Wettkampf-Karate. Die Bezeichnung Shotokan übernahm man von der Türinschrift der ehemaligen Schule von Meister Funakoshi.

Im Stammbaum des traditionellen Shotokan (s. Tafel) von Meister Funakoshi erscheinen als erstes die Namen der direkten Schüler des Meisters, wie Gimma, Yashida, Egami, Shimoda, Ohtsuka u. a. Viele der heute bekannten Meister dieser Schule, wie Nakayama, Kase, Nishiyama, Oshima u. a., sind Schüler Funakoshis aus der zweiten Generation, d. h. sie wurden von direkten Schülern Funakoshis unterrichtet. Unter Funakoshis Schülern entstanden verschiedene Neigungen, wie z. B. Ohtsukas *Wado-ryu*, Egamis *Shotokai* oder Nakayamas *Shotokan-ryu*. Von allen steht Egamis Stil geistig der ursprünglichen Shotokan-Variante am nächsten, denn Egami war Funakoshis treuester Schüler. Taiji Kase wurde von Genshin Hironishi unterrichtet, einer der beständigsten Säulen des Shotokan, aus der Gruppierung um Egami. Nakayama und Nishiyama, die Mitbegründer der JKA, hatten nicht immer den gleichen Lehrer, doch am meisten sind sie von Seiko Tagaki geprägt, wodurch sich die verschiedenen Kata-Interpretationen erklären (z. B. zwischen Nakayama und Kase). Meister Oshima arbeitete unter Shigeru Egami und Hiroshi Noguchi. Er lernte Funakoshi erst kennen, als dieser schon alt war. Seine Urkunde zum 5. Dan war die höchste und eine der letzten, die Meister Funakoshi vergab, weswegen viele Shotokan-Experten (z. B. das Shotokai) es weiterhin ablehnen, höhere Graduierungen anzunehmen.

Shotokan-ryu — das heutige System

Heute versteht man unter Shotokan-ryu das von Meister Nakayama gegründete Wettkampf-Karate. Das Shotokan-Karate ist dank der Tätigkeit der JKA der weltweit verbreitetste Stil, wenn auch seine Organisationen (JKA und FAJKO) neuerdings nicht mehr für Gesinnungseinigkeit sorgen.

Shotokan-Karate ist ein Wettkampfstil, der zum Teil Meister Funakoshis Karatephilosophie mitübernommen hat, die jedoch aufgrund der fehlenden stilspezifischen Informationen dem größten Teil seiner Mitglieder vollkommen unbekannt ist. Das Shotokan-ryu hat heute die meiste und die beste technische Literatur, jedoch wird überhaupt kein Wert auf die Ausbildung der Karateka im Sinne des *do* gelegt. Dies und einige andere Uneinigkeiten führten zur Zersplitterung der großen Shotokan-Organisation und bewirkten um 1970 die Entstehung der SKI (Shotokan Karate International), die das Shotokan-Karate unter einigen veränderten Aspekten weltweit neu organisiert. Die Machtverhältnisse innerhalb des wettkampforientierten Shotokan-ryu sind dementsprechend zur Zeit auf die JKA und die SKI aufgeteilt, deren beider Bestreben es ist, die Oberhand zu gewinnen. Fast in allen Ländern der Welt haben beide Organisationen ihre Ausbilder, die von bestechender Bewegungsperfektion sind, jedoch unter dem Leistungsdruck der Wettkämpfe überhaupt keinen oder fast keinen Wert auf die ursprüngliche Lehre Funakoshis legen.

Die Bezeichnung des Stils setzt sich aus den Begriffen *Shoto* (Pinienrauschen), *Kan* (Haus, Tempel) und *Ryu* (Stil) zusammen. In seiner ursprünglichen Variante bestand der Shotokan-Stil aus 15 Kata (dazu kamen die Taikyoku- und die Ten-no-kata), die Meister Funakoshi nach wohlüberlegten Kriterien ausgesucht und zur Übung vorgeschlagen hatte. Danach jedoch wurden immer mehr Kata in den Stil gebracht und von den Großmeistern des Stils auch unterschiedlich gelehrt.

STILSPEZIFISCHE KATA IM SHOTOKAN RYU

1.	HEIAN SHODAN	9.	BASSAI DAI
2.	HEIAN NIDAN	10.	KANKU DAI
3.	HEIAN SANDAN	11.	HANGETSU
4.	HEIAN YONDAN	12.	EMPI
5.	HEIAN GODAN	13.	JITTE
6.	TEKKI SHODAN	14.	JION
7.	TEKKI NIDAN	15.	GANKAKU
8.	TEKKI SANDAN		

IM SHOTOKAN RYU ZUSÄTZLICH GEÜBTE KATA

1.	JI'IN	7.	WANKAN
2.	SOCHIN	8.	NIJUSHIHO
3.	CHINTE	9.	GOJUSHIHO DAI
4.	BASSAI SHO	10.	GOJUSHIHO SHO
5.	KANKU SHO	11.	UNSU
6.	MEIKYO		

Shigeru Egami

Meister Shigeru Egami (1912 - 1981) gilt in Fachkreisen als offizieller Erbe von Funakoshis Kunst und als nächstes Glied in der Ahnenkette des Shotokan.

Im Alter von 20 Jahren trat er in die Waseda-Universität ein und begann unter Meister Funakoshi mit dem Karatestudium. Er war als Kind sehr schwächlich und konnte durch das strenge Karatetraining seinen Körper kräftigen. So war er als junger Mann sehr stolz auf seine körperlichen Fähigkeiten und sagte von sich selbst, daß er zu dieser Zeit maßlos eingebildet und arrogant war und daß die meisten Menschen ihn nicht mochten. Nach seinem Hochschulabschluß begann er zu arbeiten, blieb jedoch nirgends lange und wechselte seinen Beruf insgesamt mehr als 20 Mal. Zu dieser Zeit war das einzig Beständige in seinem Leben die Karateübung. Zunehmend gewann Meister Funakoshis Sicht von Karate Einfluß auf ihn. Als er schon über 40 Jahre alt war, begann er durch ein bestimmtes Ereignis zu verstehen, daß Karate mehr war als nur das Einüben und Verfeinern von Kampftechniken. Er wurde auf der Straße von 10 Straßenschlägern angegriffen, und es gelang ihm, sie von einem Kampf abzubringen. Von da an suchte er immer mehr in die geistigen Aspekte der Kunst einzudringen.

Nach dem Krieg wurde Meister Egami der erste Assistent unter Funakoshis Übungsleitern und dadurch der wichtigste Mann in der Vertretung von Funakoshis Lehre. Im Shotokan-Dojo übernahm er zunehmend die Führungsrolle und vertrat zusammen mit Genshin Hironishi die ideellen Inhalte des Shotokan-ryu. Da er keine Abweichungen von Funakoshis Lehre duldete, kam es zur Spaltung des Stils, die durch die jüngere Generation (Nakayama und Nishiyama) hervorgerufen wurde. Diese entfernten sich von der traditionellen Linie und entwickelten in der von ihnen neu gegründeten Organisation (JKA) das heute bekannte Wettkampfkonzept.

Bald darauf wurde Meister Egami sehr krank und mußte sich mehreren Magenoperationen unterziehen. Er suchte jedoch nach einer Form der Übung, die er trotzdem weiter betreiben konnte. Er fand sie, und damit begann die Zeit seiner tiefsten Erfahrungen.

Er schrieb das Buch *The Heart of Karate-do*, in dem er seine Erfahrungen festhielt. Über Tsutomu Oshima (den heutigen Erben des Shotokai) verbreitete sich seine Richtung auch in den USA.

Masatoshi Nakayama

Masatoshi Nakayama wurde 1913 in Tokyo, Japan, geboren. Er entstammte einem alten Samuraigeschlecht von

Fechtlehrern und genoß von Kind an eine Erziehung im Sinne des Bushido. Der Vater Naotoshi Nakayama diente als Stabsarzt in der Armee, und so gelangte der Junge in frühem Alter nach Taiwan (Taiei), wo er mit Kendo und mehreren anderen Sportarten begann. Es lag in der Absicht der Familie, daß Masatoshi Nakayama in die Fußstapfen des Vaters und des Großvaters trat und Medizin studierte. Zu diesem Zweck sollte er die Himeji-Universität in Tokyo besuchen. Dort angekommen, schrieb er sich jedoch ohne Wissen seiner Eltern an der Takushoku-Universität ein, um chinesische Geschichte und Sprache zu studieren.

Dort begegnete er Meister Funakoshi, der zu jener Zeit an der Takushoku-Universität Karate unterrichtete. 1932 begann er unter Meister Funakoshi Karate zu studieren. Doch bereits 1933 reiste er zum ersten Mal in die Mandschurei, die ihn seit jeher in seinen Träumen fasziniert hatte. 1937 reiste er als Austauschstudent wieder nach Peking und verbrachte fünf Jahre an der dortigen Universität. Danach arbeitete er noch weitere fünf Jahre für die chinesische Regierung. In dieser Zeit lernte er sehr ausführlich die chinesischen Kampfkünste kennen.

1946 kehrte er nach Japan zurück und fand seine Heimat in einem trostlosen Zustand. Als erstes versuchte er, die inzwischen stagnierende Karatebewegung wieder in Gang zu setzen, und es gelang ihm, einige der Karateka, die früher unter Meister Funakoshi trainiert hatten, erneut zusammenzuführen. In den Wirren der Nachkriegszeit (die Kampfkünste waren inzwischen verboten) unternahmen sie gemeinsam einige Anstrengungen, um das Training wieder offiziell fortsetzen zu können.

1949 wurde das Verbot aufgehoben und die JKA offiziell gegründet. Meister Nakayama setzte sich verstärkt für die Entwicklung des Karate zum Sport und seine weltweite Verbreitung ein. Es gab einige Erneuerungen —

z. B. die Entstehung des Jiyu-kumite (freier Kampf) –, an denen Meister Nakayama wesentlichen Anteil hatte.

Unter Nakayama wuchs die JKA zu einem der größten und mächtigsten Weltverbände für sportliches Karate. Der Meister veröffentlichte mehrere Bücher, von denen *Dynamic Karate* und *Karate perfekt* (8 Bände) besonders zu erwähnen sind. Masatoshi Nakayama verstarb am 15. April 1987.

Hirokazu Kanazawa

Meister Kanazawa ist der vielleicht bedeutendste japanische Karateexperte der Nachkriegszeit. Er wurde 1931 in der Provinz Iwate/Japan geboren. In seiner Jugend besuchte er die Takushoku-Universität, den ehemaligen Karateklub von Meister Funakoshi, der mittlerweile von Masatoshi Nakayama geleitet wurde. 1956 beendete Kanazawa die Universität und wurde von Meister Nakayama zu einem der Instruktoren der JKA (Japan Karate Association) ernannt.

1957 und 1958 nahm Kanazawa an den Karatemeisterschaften teil und belegte jeweils den ersten Platz. Kurz darauf (1960) zog er sich jedoch aus den Wettkämpfen zurück und ging als hauptberuflicher Karatelehrer nach Hawaii und danach in andere Staaten der USA. 1962 kam er nach Europa und unterrichtete auch in Deutschland. 1971 wurde er zum Hauptlehrer der JKA für die internationale Abteilung ernannt. 1972 trainierte er das japanische Team für die Weltmeisterschaften in Paris.

1977 entstanden Meinungsverschiedenheiten in der JKA zwischen Nakayama und Kanazawa, der inzwischen eine der führenden Pesönlichkeiten in der internationalen Karateszene geworden war. Im Dezember trennte sich Kanazawa von der JKA, um sein eigenes Konzept durchzusetzen, und übernahm die Leitung der SKI (Shotokan Karate International). Mit ihm verließen viele namhafte Instruktoren die JKA und unterrichteten unter seiner Leitung. Der neue Verband wuchs dank seiner Persönlichkeit und Bekanntheit sehr schnell und ist heute eine starke Stütze des Shotokan-Karate. Er betreibt Wettkampf-Karate, jedoch mit stark traditionellem Charakter.

Wado-ryu

Hironori Ohtsuka

Hironori Ohtsuka wurde am 1. Juni 1892 in der Präfektur Ibaragi/Japan geboren. Ab seinem 6. Lebensjahr begann er mit der Übung des Ju-jutsu unter der Anleitung seines Vaters. Mit 13 Jahren wurde er Schüler von Meister Nakayama, dem 3. Iemoto (Vorstand eines Stils) des Yoshin-ryu[40] (Shindo Yoshin-ryu). Als er 19 Jahre alt war, begann er ein Studium an der Waseda-Universität in Tokyo, und gleichzeitig übte er sich im Kempo, ohne jedoch das Ju-jutsu zu vernachlässigen. Mit 29 Jahren erhielt er von Meister Nakayama das Menkyo kaiden (Urkunde über die Erbfolge des Stils) im Yoshin-ryu und wurde dadurch zum offiziellen Nachfolger an der Spitze des Shindo Yoshin-ryu.

Im Juli 1922 machte Ohtsuka Bekanntschaft mit Gichin Funakoshi und wurde sein Schüler. Bereits 1928 begann er eigene Vorstellungen über die technische Vervollkommnung des Karate zu entwickeln. Er trennte sich von Meister Funakoshi (in Einvernehmen, wie es heißt) und gründete im Jahre 1934 offiziell das Wado-ryu, den ersten japanischen Karatestil, der vom Nippon Butokukai übernommen wurde. Am 25. April 1966 erhielt der alte Meister vom japanischen Kaiser ein Diplom, das seine große Bedeutung in der Entwicklung des Karate ehrte. Am 29. Januar 1982 verstarb Meister Ohtsuka im Alter von 91 Jahren.

Wado-ryu

Das Wado-ryu ist eine der vier großen japanischen Karatestilrichtungen und wurde von Meister Hironori Ohtsuka gegründet. Dieser war ein Meister des Ju-jutsu, eine in Japan ausgeübte Kampfkunst, die ebenso wie das okinawanische Karate von der chinesischen Kampfkunst beeinflußt war.

1922 begegnete Ohtsuka Meister Funakoshi und wurde sein Schüler. Er blieb 8 Jahre lang bei ihm, bis er sich schließlich von ihm trennte, um seinen eigenen Stil zu entwickeln. So entstand 1934 das Wado-ryu.

»Wa«[41] (Frieden, Harmonie) deutet auf eine weiche

Kampfkunst hin. Obwohl Wado-ryu ursprünglich dieselben Kata lehrte wie das Shotokan-ryu, hat Meister Ohtsuka doch einige Veränderungen vorgenommen, um dadurch seine eigene Auffassung von Kampfkunst zu verwirklichen. In erster Linie beseitigte er alle weit ausholenden Bewegungen, verkürzte die Stände und veränderte jene Techniken, die mit einem großen Aufwand an Energie ausgeführt werden mußten. All diese Techniken wandelte er in Bewegungsformen um, in denen größte Ökonomie möglich war, um höchste Wirksamkeit zu erzielen. Man sagt, er hätte dabei das Bewegungsbild alter Menschen studiert und bei diesen die Verbindung zwischen Vernunft und Wirksamkeit festgestellt.

Entsprechend diesem Prinzip wird im Wado-ryu der Hauptakzent auf die Bewegung des Rumpfes gelegt. Das Resultat dieser Überlegungen war eine Kampfkunst, die viele verschiedene Formen des Tai-sabaki (Yokeru koto) enthält. Die Bewegungen im Wado-ryu werden enger geführt als im Shotokan, sie sind weniger direkt und betonen das Ausweichen. Auch findet man in ihnen viele Parallelen zum Kendo, Aikido und Ju-jutsu.

Technisch gesehen beruht das Wado-ryu auf der Anwendung von drei Prinzipien (San-i itai):

Ten i — Veränderung der Stellung
Ten tai — Gewichtsverlagerung des Körpers
Ten gi — Anwendung der Technik

Wie oben erwähnt, wird im Wado-ryu eine besondere Betonung auf das Ausweichen gelegt. Darin unterscheiden sich im Stil drei grundsätzliche Regeln:

Nagasu — atmen wie Wasser (fließend atmen)
Inasu — vorbeigleiten lassen
Noru — umwickeln

Das Ausweichen (Yokeru koto) ist immer von einem präzisen, auf einen Kyusho (Vitalpunkt) gerichteten Atemi (Schlag) begleitet und endet oft mit einer Wurftechnik.

Ursprünglich gründete Ohtsuka den Stil auf der Basis von 9 Kata. Wie im Shotokan-ryu betrachtete er die fünf *Pinan* (*Heian*) als die Basis des Stils und lehrte die *Kushanku* als direkte Weiterentwicklung der Heian. Parallel dazu entwickelte er aus der *Naihanchi* (*Tekki*) die *Seishan* (*Hangetsu*). Aus Seishan und Kushanku entwickelte er die *Chinto* (*Gankaku*), die er als höchste Kata des Stils bezeichnete. Heute gibt es im Wado-ryu eine weit gößere Anzahl von Kata.

Heute steht der Sohn des Meisters, *Jiro Ohtsuka* (geb. 18. Februar 1934), dem Stil vor. In Japan üben 25 % aller Karateka das Wado-ryu. Der Stil ist in dem Verband »Wado-ryu Karate-do Renmei« zusammengeschlossen, dem 150 Länder angehören.

Shito-ryu

Kenwa Mabuni

Meister Mabuni war ein berühmter okinawanischer Karatemeister (geb. 1889), der von Okinawa nach Japan

(Osaka) kam, um dort Karate zu unterrichten. Er war der 17. Abkömmling des gefeierten okinawanischen Samurai Onigusuki. Mabuni begann das Studium des Tode unter Meister Itosu, bei dem er auch Meister Funakoshi kennenlernte, der zu jener Zeit sein Sempai[42] war.

Kenwa Mabuni gründete 1934 das Shito-ryu Karate-do, eine Bezeichnung, die er aus den Namen seiner bedeutendsten Lehrer (Itosu und Higashionna) ableitete. Außerdem trainierte er auch zeitweise unter Chojun Miyagi.

1928 verließ er Okinawa und siedelte sich, dem Beispiel Funakoshis und Miyagis folgend, die bereits in Japan unterrichteten, in Osaka/Japan an. Dort gründete er auch sein erstes Dojo, das Yoshukan, und verbreitete das Shito-ryu, wie er seinen Stil benannt hatte, zuerst in Osaka, Kyoto und Kobe. Einer seiner Schüler, Itawa, zog nach Tokyo und verbreitete den Stil dort.

In seinen Unterricht schloß Meister Mabuni auch die Übung der traditionellen okinawanischen Waffen (Kobudo) mit ein. Er selbst hatte den Umgang mit ihnen von Meister Aragaki gelernt. Seine Kata waren eine Kombination aus den traditionellen Kata des Shuri-te und des Naha-te. Aus dem Shuri-te übte er bevorzugt die Kata Gojushiho und Nijuishiho, die er von Meister Itosu gelernt hatte. Einer seiner Schüler, Ryusho Sakagami, benannte seine eigene Interpretation des Shito-ryu später als Itosu-kai, da die gesamte Lehre Mabunis sich sehr an der alten okinawanischen Itosu-Schule orientierte. Das Shito-ryu verbreitete sich sowohl in Japan als auch auf Okinawa. Nach Mabunis Tod (Mai 1952) übernahmen seine Söhne die Leitung des Stils: in Okinawa Kenzo Mabuni und in Osaka Kenei Mabuni. Der letztere ist der augenblickliche Vorstand der Shito-Organisation. Neben Ryusho Sakagami (dieser vertritt in Watanabe/Japan heute eine eigene Richtung, die er Itosu-kai nennt) waren seine bedeutendsten Schüler: Teruo Hayashi, Chojiro Tani (Gründer des

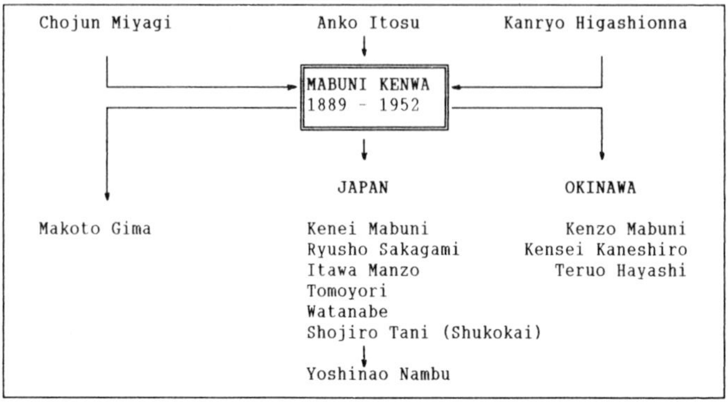

Shukokai[43], und Lehrer von Yoshinao Nambu), Kensei Kaneshiro (Gründer des Tozan-ryu), Kenzo Mabuni, Kenei Mabuni, Tomoyori (Osaka), Watanabe (Osaka) und Iwata Manzo (Tokyo).

Shito-ryu

Shito-ryu ist eine der vier großen japanischen Karatestilrichtungen mit Ursprung in Okinawa. Die Kampfkunst ist in ihrem Wesen eine Kombination zwischen Shorin-ryu und Shorei-ryu. Die Bezeichnung Shito leitet sich von den Namen zweier großer okinawanischer Meister ab: »Shi« ist die japanische Leseweise des okinawanischen Ideogramms »Ito« (Itosu), »to« die von »Higashi« (Higashionna), die die Lehrer von Kenwa (Kenshin) Mabuni waren, der den Stil 1934 gründete. Die erste Schule des Shito-ryu (Yoshukan) wurde in Osaka/Japan eröffnet. 1934 erschien eine Veröffentlichung Mabunis, die als Leitfaden des Stils gilt (Goshin Jutsu Karate Kempo).

Das Shito-ryu zeichnet sich im besonderen dadurch aus, daß es nach alter Lehrmethode die Kunst der leeren

Hand (Karate-do) nicht von der Waffenkunst (Kobudo) trennt. In Bezug auf die Kata der leeren Hand unterrichtete der Meister getreu die zuverlässigen Ausgangsformen des Naha-te von Higashionna und des Shuri-te von Itosu. Die Shuri-te-Kata sind die gleichen, die Meister Funakoshi unterrichtete, als er nach Japan kam.

Schon zu Lebzeiten Mabunis verbreitete sich der Stil vorwiegend in Japan, besonders in Kobe, Kyoto und Osaka, welches auch heute noch die Zentren des Shito-ryu sind. Lediglich Meister Itawa Manzo ließ sich in Tokyo nieder, wodurch auch dort eine starke Shito-Strömung entstand.

Nach Meister Mabunis Tod entfernte sich Meister Chojiro Tani aus Kobe von der traditionellen Linie des Stils und gründete die rein wettkampfmäßige Ableitung Shukokai, die in der Weiterfolge von Yoshinao Nambu verbreitet wurde. Nambu jedoch, ein Schüler Tanis, war mit der rein wettkampfmäßigen Interpretation des Shukokai nicht einverstanden und gründete seine eigene Karate-Richtung, das Nanbu-do.

Bald darauf zog auch das Shito-ryu, dem neuen Trend folgend, nach und begann seine weltweite Verbreitung als Wettkampfsport. Nachdem Meister Mabuni gestorben war, übernahmen seine Söhne die Leitung des Stils. Die beiden bedeutenden Meister Ryusho und Sadaaki Sakagami (Vater und Sohn), ebenfalls maßgebend in der Entwicklung des Stils, führten die ursprüngliche Shito-Richtung Mabunis noch weiter an ihren Ursprung zurück und gründeten die rein traditionelle Richtung Itosu-ryu, die fast identisch mit der alten Itosu-Schule ist.

Ein weiterer wichtiger Schüler der Shito-Schule ist auch Teruo Hayashi. Er wurde besonders in Frankreich bekannt, als er dort zeitweise einen seiner Schüler vertrat. Den westlichen Karateka ist er durch den Film *Budo, art of killing* bekannt, worin er zusammen mit einigen seiner Schüler das Karate präsentiert.

Leider ist die Shito-Linie, wie viele andere Richtungen heute, untereinander zerstritten und uneinig. Es gibt große Probleme in den Interpretationen der Kata, die auch im Shito-ryu mehr und mehr ihres ursprünglichen Zusammenhangs beraubt werden. Im Shito-ryu sind die Wettkampfeinflüsse sehr groß und richten in der eigentlichen Lehre des Stils einen gewaltigen Schaden an. Die technische Breite des Stils ist immens, schon deshalb, weil in ihr die wesentlichen Punkte der Shorei- und der Shorin-Schule vereinigt sind und sie außerdem noch eine große Anzahl von Waffen enthält. Die Kata des Stils setzen sich aus mehreren Kategorien zusammen: aus der Itosu-Schule stammen die Pinan, Bassai, Kanku, Nijushiho, Gojushiho u. a., aus Miyagis Goju-ryu kommt die Tensho, und außerdem gibt es noch eine Reihe von Kata, die von Mabuni und seinen Schülern selbst gegründet oder abgeleitet wurden, wie z. B. Shihozuki, Juroku, Nipaipo, Hanenko (Ananku) u. a.

5. Shorei-ryu

Shorei-ryu ist der Überbegriff für alle okinawanischen Kampfsysteme, die sich aus den chinesischen inneren Schulen (Nei-chia) abgeleitet haben. In Okinawa entstand das System nach dem Shorin-ryu und verbindet seine Geschichte mit dem Namen des großen okinawanischen Kampfkunstexperten Kanryo Higashionna (1845 - 1915). Dieser studierte in China die weiche, innere Kampfkunst und gründete, nachdem er nach Okinawa zurückgekehrt war, in Naha eine Schule, in der er einen Stil lehrte, der sich wesentlich von den bisher bekannten (Sakugawa und Matsumura aus Shuri) unterschied. Diese Kampfkunst nannte man Naha-te. Das Shorei-ryu (spätere Bezeichnung für alle inneren Schulen) kennzeichnet sich vor allem durch seine mit dem Boden verankerten Stände und seinen speziellen Atmungstechniken (Ibuki und Nogare[44]). Die Bewegungen sind weniger schnell als im Shorin-ryu, jedoch in vollkommener Harmonie mit der Atmung. Die größten im Shorei-ryu klassifizierten Systeme sind *Goju-ryu* und *Uechi-ryu.*

Naha-te

»Naha-te« bedeutet wörtlich »die Hand aus Naha« (Naha ist die heutige Hauptstadt Okinawas). Allgemein nannte man alle Kampfsysteme, die in den Schulen Nahas unterrichtet wurden, Naha-te. Diese Kampfsysteme waren von den chinesischen inneren (weichen) Systemen beeinflußt und bildeten zusammen mit dem nachher entstandenen Uechi-ryu das Hauptsystem Shorei-ryu.

Die Techniken des Naha-te sind überwiegend mit dem

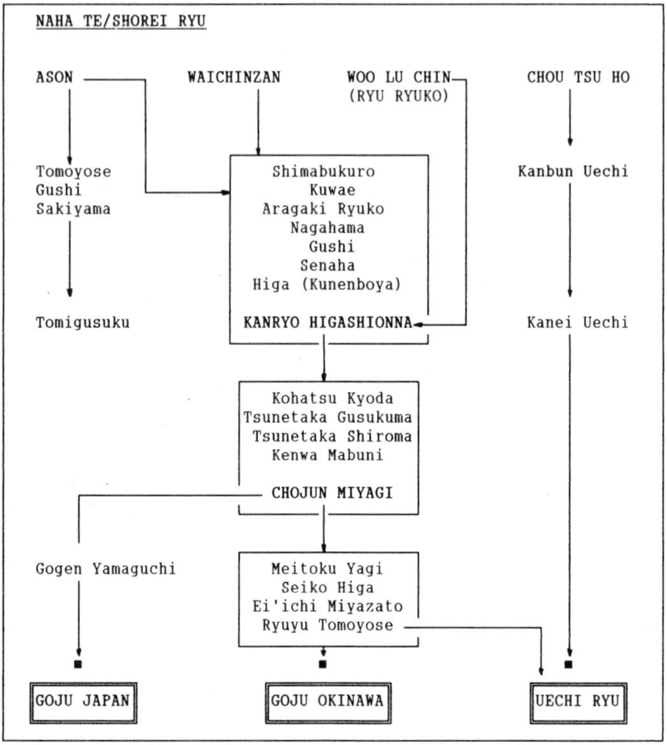

NAHA TE/SHOREI RYU
ASON
WAICHINZAN
WOO LU CHIN
(RYU RYUKO)
CHOU TSU HO
Tomoyose
Gushi
Sakiyama
Shimabukuro
Kuwae
Aragaki Ryuko
Nagahama
Gushi
Senaha
Higa (Kunenboya)
KANRYO HIGASHIONNA
Kanbun Uechi
Tomigusuku
Kanei Uechi
Kohatsu Kyoda
Tsunetaka Gusukuma
Tsunetaka Shiroma
Kenwa Mabuni
CHOJUN MIYAGI
Gogen Yamaguchi
Meitoku Yagi
Seiko Higa
Ei'ichi Miyazato
Ryuyu Tomoyose
GOJU JAPAN
GOJU OKINAWA
UECHI RYU

Kung-fu aus dem südlichen China verwandt. Der Gebrauch der oberen Gliedmaßen wird mehr akzentuiert (kurze starke Fausttechniken, Nahkampftechniken, feste Stellungen). Besonders betont wird Ibuki (Atemübung). Aus den Kata des Naha-te (Seishan, Seienchin, Sanchin, Saifa, Shisochin, Sochin, Koshiki Naihanchi, Sanseiru, Suparinpei usw.) haben sich hauptsächlich die späteren Kata des Goju-ryu entwickelt.

Der erste Kampfstil in Naha entstand bereits früh, und zwar über Meister Ason. Er war auf der Kata Naihanchi (Tekki) aufgebaut und wurde durch Sakiyama weitergegeben, ging jedoch leider mit seinem letzten Meister Tomigusuku verloren. Man weiß nichts näheres über diese Kampfkunst. Von Tomigusuku bis zu Higashionna ist die Geschichte des Naha-te unbekannt. Der nächste bekannte Name im Naha-te war Kanryo Higashionna (1853 - 1916). Nachdem er in China gelernt hatte, gründete er in Naha eine Schule, in der er zum ersten Mal in Okinawa die weiche Kampfkunst aus China unterrichtete. Sein Schüler war Chojun Miyagi, der nach weiteren Studien in China das Goju-ryu, den hauptsächlichen Vertreter des Naha-te, gründete.

Die Vorfahren des Shorei

Shushiwa

Shushiwa ist der okinawanische Name für den chinesischen Kampfkunstexperten Chou-tsu Ho, der der Lehrer von Kanbun Uechi, und damit der Ursprung des später in Okinawa gegründeten Stils *Uechi-ryu* war.

Im April 1984 reiste eine Gruppe von Karateka des Uechi-ryu nach Fuzhou (Fukien), in die Volksrepublik China, um den geschichtlichen Weg ihres Stils in die Vergangenheit zurückzuverfolgen. Sie begannen mit dem Lehrer des Stilgründers Chou-tsu Ho. Nach ihren Ermittlungen wurde er im Jahre 1876 in einer reichen Familie aus Nanyu geboren. Zuerst studierte er das Shaolin der südlichen Schulen und ging dann als Schüler zu einem anderen berühmten Lehrer, unter dem er den Tigerstil, den Drachenstil und den Kranichstil lernte. Außerdem übte er sich noch in der »Technik der eisernen Hand« (Tid-shao-Jarn) des Dim-mak[45], die im Uechi-ryu noch heute zu finden ist. Es wird gesagt, der Meister konnte zwei erwachsene Menschen mit je einem Finger hochheben.

Chou-tsu Ho wird von den Einwohnern Chinas als die »ewige Größe« oder als der »Taoist vom Berge Xun« bezeichnet. Die Leute sagen, er hätte immer eine taoistische Mönchsrobe getragen. Außerdem war er Meister der Kalligraphie und der Malerei.

Chatan Yara

Einer der ersten okinawanischen Kampfkunstexperten, dessen Name uns heute bekannt ist, war Yara. Chatan Yara wurde 1760 in Chatan auf Okinawa geboren. 1772 fuhr er nach Foochow, Provinz Fukien (China), um dort unter Wong Chung-Yoh die Kunst des Ch'uan-fa (Hsing-i und Ch'i-kung) zu studieren. Außerdem erhielt er Unterricht in der Kunst des Bo und des chinesischen Schmetterlingsmessers. Nach den Überlieferungen blieb er 20 Jahre in China.

Als er nach Okinawa zurückkehrte, fand er sein Land in trostlosen Zuständen. Okinawa war ein Lehen Chinas und gleichzeitig vom japanischen Satsuma-Clan besetzt. Die Insel wurde von letzterem nicht nur regiert, sondern die Samurai zogen häufig plündernd umher und fügten den Okinawanern auch auf diese Weise großen Schaden zu.

Yara beschloß, die Einwohner seines Dorfes in seiner Kampfkunst zu unterrichten, doch die überarbeiteten Menschen hielten das Training nicht durch, und bald hatte er keine Schüler mehr. Obwohl er nie mehr eine Schule eröffnete, zählt Yara zu den bedeutendsten Meistern der frühen okinawanischen Kampfkunst. Er gilt als der erste, der in der Kampfkunst das Prinzip des inneren Gleichgewichtes lehrte, und er war damit der Begründer des Konzeptes der inneren Stärke (Ki), das nach ihm von Meister Higashionna und Miyagi im Naha-te verbreitet wurde.

Yara hielt sich in seinem weiteren Leben vom Kampfkunstgeschehen Okinawas fern. Er war nicht nur einer der ersten, sondern auch einer der großen Kampfkunstmeister Okinawas, doch auf ihn trifft am besten die Bezeichnung »Kage-deshi« (Schüler im Schatten) zu. Er war der offizielle Nachfolger (Uchi-deshi) von Kushanku, derselbe, der auch Sakugawa unterrichtete. Über Yara verbreitete sich die ursprüngliche Kushanku Kata (die heutige Kuniyoshi-no-Kushanku), eine Variante, die später hauptsächlich über Chotoku Kyan überliefert wurde.

Sein weiteres Leben ist in Geheimnisse gehüllt. Das einzig konkret Überlieferte sind zwei Kata: Chatan Yara no kon und Chatan Yara no sai.

Nach der Meinung vieler Experten sind diese Kata einzigartig, da sie Bewegungen und Kampftechniken enthalten, die entgegen den üblichen Methoden des okinawanischen Kobudo die Entscheidung im Kampf nicht mit der Waffe, sondern mit der bloßen Hand bevorzugen.

Ryu Ryuko

Ryu Ryuko, so der okinawanische Name, war ein chinesischer Meister der südlichen Schulen des Chuan-fa. Sein chinesischer Name war Woo-lu Chin. Er war der Lehrer von Kanryo Higashionna, dem Begründer des okinawanischen Naha-te. Der Meister entstammte der chinesischen Adelsklasse von Foochow in der Provinz Fukien. Während einer Rebellion mußte der Meister zusammen mit seiner Familie in Verkleidung fliehen, um sein Leben zu retten. Danach arbeitete er in mehreren handwerklichen Berufen (Zimmermann, Maurer) und als Kaufmann. Als er schon recht alt war und sich bereits vom Handwerk zurückgezogen hatte, verdiente er seinen Lebensunterhalt mit dem Herstellen und Verkaufen von Bambuskörben. Zu dieser Zeit wurde ihm Kanryo Higashionna vorgestellt, den er schließlich als Schüler annahm.

Meister Ryu Ryuko war in der Provinz Fukien als gut trainierter und außergewöhnlich disziplinierter Kampfkunstexperte bekannt. Er war ein Experte in der waffenlosen Kampfkunst sowie in der Kunst des Langschwertes (Chien), des Breitschwertes (Dao) und des Speers (Chiang). Seine Kampfkunst kam später über Meister Higashionna nach Okinawa und entwickelte sich zum Naha-te.

Kanryo Higashionna

Der erste Großmeister des Naha-te, Kanryo Higashionna, oft auch Higaonna geschrieben und »der Heilige des Faustschlages« (Kensei) genannt, wurde am 10. März

1853 in Naha als viertes Kind von Higaonna Kanyo und seiner Frau Makado geboren. Der Vater gehörte zur unteren Bevölkerungsschicht. Im Alter von 16 Jahren begann »Machu« (Kanryos Kindername) chinesisches Kempo zu lernen, von jemand, der es in Fukien (China) gelernt hatte. Er lernte schnell und wurde bald als Meister der Kampfkünste in Naha bekannt. Im November 1874, als Higashionna 22 Jahre alt war, reiste er mit einem Handelsschiff von Naha nach Foochow in China. Dort lebte er zunächst ein Jahr in einer okinawanischen Siedlung, die man »Ryukyu-Kan« nannte. Schließlich wurde er dem chinesischen Ch'uan-fa-Meister Ryu Ryuko vorgestellt. Nach längerer Bewährungszeit nahm der Meister ihn schließlich als persönlichen Schüler an. Tagsüber half er seinem Meister beim Verkauf von Bambuswaren in dessen Geschäft, und abends wurde er unterrichtet.

Higaonna blieb 15 Jahre als persönlicher Schüler bei Meister Ryu Ryuko. Als er nach Okinawa zurückkehrte, eröffnete er gegenüber der Okinawa Shimbun-Sha in Tondo, Naha-Shi ein Dojo und unterrichtete dort eine persönliche Zusammenstellung aus Elementen des chinesischen Ch'uan-fa der inneren Schulen und des alten okinawanischen Tode.

Er formte die Kata Sanchin um, indem er sie mit der geschlossenen Faust ausführte, während die chinesische Variante (auch das Uechi-ryu) die offene Hand betont. Außerdem veränderte er die bis zu seiner Zeit übliche Methode des privaten Unterrichtes. Es wird gesagt, Higashionna sei der erste gewesen, der den Gruppenunterricht einführte.

Bis zu seinem Lebensende unterrichtete er in zahlreichen Dojo der Polizei zusammen mit seinem engen Freund Yasutsune Itosu. Higaonna starb im Oktober 1916, im gleichen Jahr wie Itosu.

Seine persönlichen Schüler waren: Yoshimura Chogi

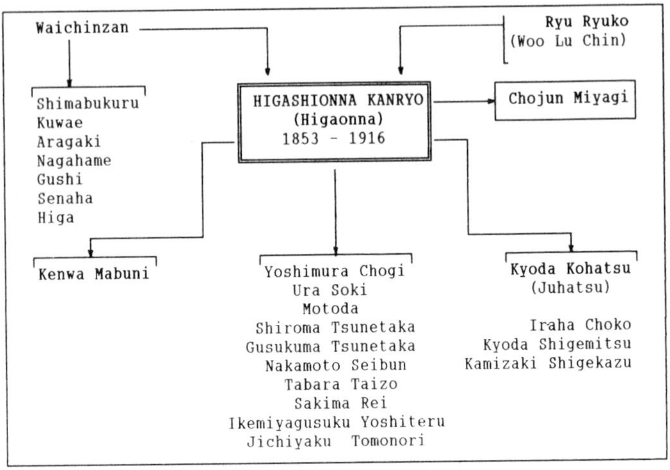

(1866 - 1945), Kyoda Kohatsu (Yuhatsu, geb. 1887), Chojun Miyagi (1888 - 1953), Gusukuma Tsunetaka (Gushimiyagusuku Hohitsu, 1892 - 1966), Shiroma Tsunetaka, Nakamoto Seibun (geb. 1892), Tabara Taizo, Sakima Rei, Ikemiyagusuku Yoshiteru, Jichiyaku Tomonori, Ura Soki (geb. 1895), Motoda und Kenwa Mabuni (1889 - 1952). Die offizielle Nachfolge des Stils übertrug Meister Higashionna seinem treuen Schüler Kyoda Kohatsu (Uchi-deshi des Stils), der zeit seines Lebens dem Meister sehr nahe stand. Chojun Miyagi entwickelte das System jedoch unter anderen Einflüssen weiter und gründete eigenständig die Ableitung Goju-ryu.

Die Stile des Shorei-ryu

Goju-ryu

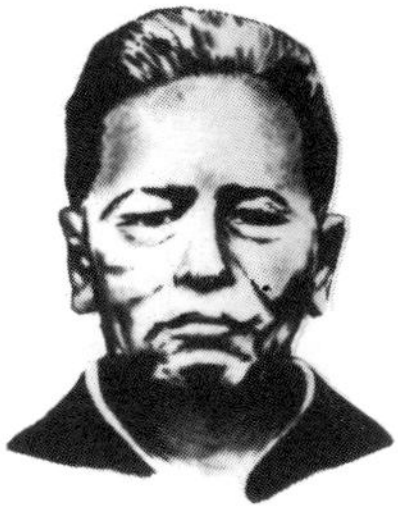

Chojun Miyagi

Chojun Miyagi war der Vater und Begründer des Goju-ryu-Karate. Er wurde am 25. April 1888 geboren und begann schon als Kind mit der Übung des Karate. Im Alter von 14 Jahren lernte er Kanryo Higashionna kennen (dieser war damals 49 Jahre alt) und wurde sein Schüler. Es wird berichtet, daß Sensei Higaonna in den ersten sechs Monaten des Unterrichtes seine Schüler nur Unsoku-ho[46] lehrte. Danach ging er nahtlos zur Kata Sanchin über, die er je nach dem Fortschritt der Schüler drei bis vier Jahre lang üben ließ. Das Training soll sehr anstrengend gewesen sein, denn Higaonna bestand darauf, daß alle seine Schüler in diesen ersten Jahren eine gute körperliche Kondition erhielten, die Atmung der Sanchin beherrschen lernten und gleichzeitig die schwierigen Spannungsvariationen, die im Shorei-ryu erforderlich waren, meisterten.

Miyagis Familie gehörte der niederen Adelsklasse an, war jedoch eine der vermögendsten in ganz Naha. Sie besaß zwei Handelsschiffe und beschäftigte sich mit der Einfuhr von Medizin aus China. Miyagis Vater, Chosho Miyagi, war der dritte Sohn in der Familie, doch da der männliche Haupterbe frühzeitig verstarb, wurde der junge Chojun (er war damals gerade 5 Jahre alt) von der Hauptfamilie adoptiert und als Erbe eingesetzt. Da dies eine verantwortungsvolle Aufgabe war, beschloß Miyagis Mutter, daß der Sohn die Kampfkünste lernen sollte, und so brachte sie ihn damals (in Alter von 11 Jahren) zu Meister Ryuko Aragaki, der Miyagis erster Lehrer wurde. Als Miyagi 14 Jahre alt war, stellte sein Lehrer ihn Kanryo Higashionna vor.

Sensei Miyagi übte 15 Jahre lang unter Meister Kanryo Higaonna, bis zu dessen Tod im Oktober 1916. In demselben Jahr reiste Miyagi nach China in die Provinz Foochow, um das ehemalige Dojo von Higashionnas Sensei (Ryu Ryuko) zu suchen. Doch er fand den Ort verlassen und die Gebäude zerstört. Er begegnete einem alten Mann, der ein ehemaliger Schüler Ryu Ryukos war und hörte von ihm, daß die meisten chinesischen Kampfkunstexperten entweder getötet worden oder nach Singapur und Malaysia geflohen waren. In China herrschten große Unruhen, denn es waren die Jahre nach dem Boxeraufstand[47], und die meisten Kampfkunstexperten wurden verfolgt und getötet.

Nach seiner Rückkehr aus China verbrachte Chojun Miyagi einige Zeit damit, die Kata Rokkishu zu studieren, aus der er später die heute im Goju-ryu bekannte Tensho gründete. Kurze Zeit darauf legte er die Grundformen der beiden Kata *Gekisai dai ichi* und *Gekisai dai ni* fest. Doch sein eigentliches Meisterstück ist bis heute die Tensho-Kata.

In all den Jahren begann Sensei Miyagi bereits sein eigenes System zu entwickeln. Doch bis zur Gründung des Goju-ryu sollte noch einige Zeit vergehen. Zuerst gab er in Okinawa einige Vorführungen, die das Aufsehen der Öffentlichkeit erregten. Er hielt es für wichtig, das okinawanische Karate zu organisieren, und sagte dieser Kunst bereits im Jahre 1925 eine weltweite Verbreitung voraus.

Zu diesem Zweck gründete Miyagi im Jahre 1926 in Wakasa-cho, Naha-shi, einen Karate-Klub, den er Karate Research Club nannte. Die Absicht dieser Vereinigung war es, Karate unter universellen Aspekten zu unterrichten und an die Schüler weiterzugeben. Deshalb wurde der Unterricht dort von verschiedenen okinawanischen Experten geleitet, die sich beständig abwechselten: Chojun Miyagi (Naha-te), Choki Motobu (Shorin-ryu), Kenwa Mabuni (Shito-ryu) und Chomo Hanashiro (Shuri-te). Die Trainings fanden in einem Garten statt. Neben den körperlichen Übungen waren theoretische Seminare (Mondo[48]) zu jener Zeit fester Bestandteil der Ausbildung.

Im Jahre 1927 wurde der Karate Research Club von Jigoro Kano besucht, der, nachdem er in Japan Meister Funakoshi kennengelernt hatte, sich ausführlich über das okinawanische Karate informieren wollte. Von dieser Zeit an hatte Sensei Miyagi Briefkontakt mit Kano, der ihm später in Japan half, das okinawanische Karate bekannt zu machen. Der Research Club wurde jedoch im Jahre 1929 aufgelöst, da die Lehrer ihre eigenen Wege gingen (Mabuni ging nach Japan und gründete das Shito-ryu, das, ähnlich wie der Unterricht im Researche Club, viele Stilelemente enthielt).

Im Jahre 1930 führte Miyagis ältester Schüler, Shinzato Jin'an, anläßlich der Krönung von Kaiser Hirohito in Japan eine Kata vor. Shinzato wurde anschließend von einem japanischen Budomeister gefragt, zu welcher Schule der Kampfkünste er gehöre. Er konnte diese Frage nicht beantworten, da es in Okinawa zu jener Zeit noch nicht üblich war, den Schulen eigene Namen zu geben. Als er nach Okinawa zurückkehrte, berichtete er jedoch Miyagi von dem Vorfall, und dieser beschloß daraufhin, seinen

Stil nach den Leitlinien des chinesischen Kempo zu benennen. So entstand der Name Goju-ryu. Im Jahre 1933 wurde Miyagis Stil unter diesem Namen formell in die Listen des Butokukai[49] in Japan eingetragen. Im Jahre 1934 wurde er vom Butokukai als Leiter der Butokukai-Zweigstelle in Okinawa benannt.

In den darauffolgenden Jahren verwendete Miyagi einen beträchtlichen Teil seines großen Vermögens, um in der Welt umherzureisen und sein Studium in den Kampfkünsten zu vertiefen. Zuerst reiste er nach Hawaii, wohin er eingeladen wurde, um Karate vorzustellen und zu lehren. Dort blieb er 10 Monate lang. Nachdem er nach Okinawa zurückgekehrt war, reiste er 1936 nach Zentralchina, wo er in einem Tempel den Zen-Buddhismus und die chinesische Kampfkunst Pa-kua[50] studierte.

In seinem neu erschaffenen System, Go-ju (hartweich) -ryu, verband er Higashionnas Naha-te mit den Atmungsmethoden des Zen und des Taoismus und der darin hochentwickelten Kunst der Geisteserziehung. Er lehrte diese Kampfkunst in seiner Schule in Naha und legte besonderen Wert auf die innere Stärke (Ki). Die Kata Sanchin und Tensho, wie sie heute im Goju-ryu geübt werden, führte er offiziell in dieses System ein.

Aufgrund seines Vermögens konnte er überall in der Welt umherreisen und sein Karate verbreiten. Auf Einladung von Gogen Yamaguchi hielt er sich auch längere Zeit in Japan auf und bestimmte Yamaguchi zu seinem Nachfolger im japanischen Goju-ryu.

Erst im Jahre 1940 vervollständigte Sensei Miyagi das System seiner Lehre und schloß damit die Entwicklung des Goju-ryu als eigenständigem Stil vollständig ab. Dazu führte er noch die beiden von ihm gegründeten Kata Gekisai dai-ichi und Gekisai dai-ni in das System ein, um es als »hart/weiche« Schule zu vervollständigen. Als Extreme der hart/weichen Richtung bezeichnete er in seinem

Stil die Tensho und die Sanchin Kata. In diesen Jahren befand sich Sensei Miyagi abwechselnd in Japan und Okinawa. Er wurde bereits zu jener Zeit als einer der fähigsten Meister des Karate verehrt. Er unterrichtete sowohl in Japan als auch in Okinawa, wodurch heute die beiden wichtigsten Schulen des Goju-ryu entstanden.

1941 trat Japan in den Zweiten Weltkrieg ein, in dem Miyagi seinen dritten Sohn, Jun, und seinen ältesten Schüler, Shinzato Jin'an, verlor. Seit dieser Zeit erteilte er keinen Unterricht mehr und zog sich aus der Öffentlichkeit zurück.

Nach der Niederlage Japans kehrte er nach Okinawa zurück und siedelte sich in der Stadt Ishikawa an. Lange Zeit blieb er unerkannt, denn man vermutete ihn in Japan. Wegen seiner demütigen Art bekam er den Ruf eines verweichlichten Stadtmenschen, und man teilte ihn nur für niedere Arbeiten ein. Als er schließlich doch erkannt wurde, strömten von überall die Meister der Kampfkünste herbei und baten Miyagi um Unterricht im Karate.

1946 nahm er den Unterricht in Okinawa wieder auf. Er wurde Direktor der Okinawa Civil Association of Physical Education und unterrichtete an den Polizeischulen Okinawas. Im gleichen Jahr gründete er ein Dojo neben seinem Haus in Tsuboya-cho, wo noch heute sein vierter Sohn lebt. Durch Miyagis Unterricht, sowohl in Japan als auch in Okinawa, entstanden zwei Hauptlinien des Goju-ryu, die sich nach seinem Tod eigenständig entwickelten.

In Okinawa traten Seiko Higa, Meitoku Yagi und Ei'ichi Miyazato sein Erbe an. Meitoku Yagi, der höchstgraduierte Schüler des Meisters (Uchi-deshi des Goju-ryu), führte nach des Meisters Tod im Jahre 1953 den Unterricht in dessen Dojo weiter und erbte an Miyagis zehntem Todestag seinen Gürtel.

Sensei Miyagis persönliche Schüler waren folgende:

Higa Seiko (1898 - 1966), Shinzato Jin'an (1900 - 1945), Madanbashi Keiyo (1896 - 1983), Tamaki Yusei, Sakiyama Tatsunori, Kina Seiko (geb. 1911), Yagi Meitoku (geb. 1912), Miyazato Ei'ichi (geb. 1922), Miyagi An'ichi (geb. 1931), Najo Kiju, Tamaki Bushun, Tasaki Kogyu, Nakaima Genkai (geb. 1908), Furugen Shunshin (geb. 1913), Tomoyose Kiei (geb. 1912), Miyazato Eiko (geb. 1915), Yagi Kamaree, Yogi Jitsuei, Uehara Yukinori, Iha Koshin, Aragaki Shuichi, Niizato, Yamaguchi Gogen (auch über Yagi Meitoku und Yogi Jitsuei) und Arema.

Auf Okinawa wurde Miyagi Sensei als einer der größten Meister des Karate-do verehrt. Die Menschen nannten

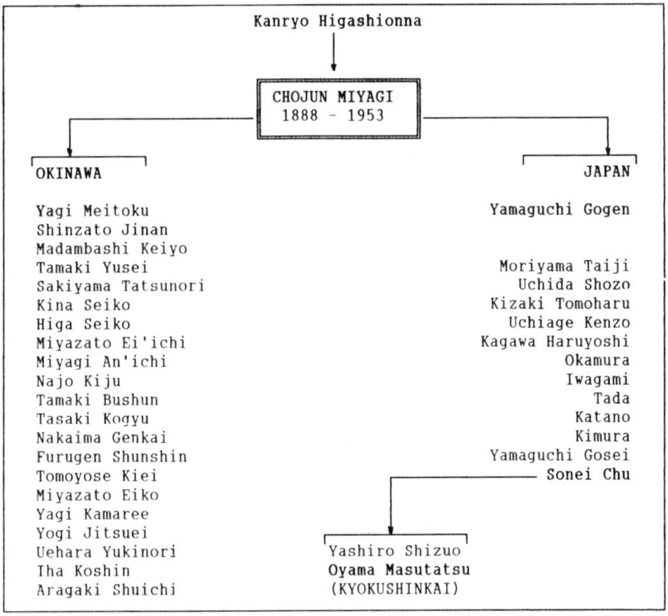

ihn dort »Bushi Magusuku«, was soviel wie »Gentleman-Krieger« bedeutet. Von ihm wird immer wieder berichtet, daß er in sich die Fähigkeit zu zwei Extremen verband: zur absoluten Demut und zur übernatürlichen Leistung. Er verlor nie die Kontrolle über sich und verletzte niemals einen Gegner im Kampf. Er hatte die Kraft eines Bullen und die Seele eines Heiligen. Miyagi starb im Jahre 1953.

Goju-ryu

Goju-ryu wird heute als eines der vier großen japanischen Karatesysteme bezeichnet, ist jedoch okinawanischen Ursprungs, denn es gründet sich auf Kanryo Higashionnas Naha-te (Shorei-ryu). Ursprünglich teilte sich das Naha-te in zwei Richtungen: Ason und Waichinzan. Die Ason-Linie erlosch mit ihrem letzten Meister Tomigusuku. Die Linie Waichinzan vererbte sich über Meister Higashionna und Meister Miyagi, die ihr beide neue Elemente hinzufügten, ins heutige Goju-ryu weiter.

Den Grundstein des Systems legte Kanryo Higashionna, der in China mehrere Stile des Ch'uan-fa studierte (Stil des strahlenden Frühlings, der Gottesanbeterin, des weißen Kranichs und T'ai-chi ch'uan). Als er nach Okinawa zurückkehrte, lehrte er ein System, das man als Synthese dieser chinesischen Stile betrachten kann. Der gesamte Energieaspekt der heutigen Goju-Stile wurde bereits zu Higashionnas Zeit festgelegt und hat sich unter Miyagi nur unwesentlich verändert. Die Kata, in denen dieser Aspekt durch die starke Bauchatmung (Ibuki) besonders zum Tragen kommt, enthalten jenseits der formalen Aspekte die Prinzipien des chinesischen Ch'i-kung.

Als Higashionna in Jahre 1887 aus China zurückkehrte, begann er seine Lehre in Naha (Tondo, Naha-shi) zu verbreiten. Sein Übungsstil wies starke Charakteristiken der südlichen Schulen Chinas auf. Er enthielt das gleiche technische Konzept und denselben Aspekt der Arbeit mit der inneren Energie (Ki) wie z. B. das T'ai-chi ch'uan. Higaonna nannte seinen Stil einfach Naha-te, wie das vor ihm bereits auch Ason und Waichinzan taten.

Meister Higashionna hatte fünf wichtige Schüler (s. Tafel Higashionna): Miyagi, Kyoda, Gusukuma, Shiroma und Motoda. Juhatsu Kyoda war der Uchi-deshi des Stils, während Meister Miyagi durch seine eigenen Interpretationen eine Soto-Linie gründete. Kyoda hingegen blieb der alten Linie des Naha-te treu, die heute jedoch erloschen ist.

So erfuhr das alte Naha-te eine neue Blüte unter Chojun Miyagi (1888 - 1953). Dieser reiste in seiner Jugend nach China und studierte dort die Praktiken des Zen und den Ch'uan-fa-Stil Pa-kua. Als er nach Okinawa zurückkehrte (1920), schuf er ein neues System. Er erarbeitete die beiden Formen der Gekisai-Kata, die, viel einfacher und kürzer als die klassischen Formen, von da an dazu verwendet wurden, Anfänger in den Stil einzuführen. Man kann hier den Einfluß Itosus sehen[51], der vorher im Shorin-ryu die Pinan-Kata gründete. Gleichzeitig erarbeitete Meister Miyagi die heutige Form der Tensho, sein eigentliches Meisterwerk. Die Tensho ist eine überarbeitete Form des chinesischen Tao Rokishu aus dem T'ang-lang-Stil der südlichen Schulen.

In den darauffolgenden Jahren bereiste Miyagi die Länder des Pazifiks, um seinen Stil zu verbreiten. 1929, sieben Jahre nach Funakoshi, gab er in Japan eine große Demonstration seiner Kunst. Zu jener Zeit hatte er auf Okinawa schon eine ganze Reihe bedeutender Schüler ausgebildet (Yagi, Higa, Miyazato u. a.). Bis 1935 blieb er in Japan, wo er den heute bekannten japanischen Meister *Gogen Yamaguchi* (genannt *neko* — die Katze) zu seinem Nachfolger in Japan ernannte.

Der Name Goju-ryu wurde zum ersten Mal im Jahre 1929 verwendet. Als in demselben Jahr in Japan eine große Demonstration aller japanischen Kampfkünste stattfand, schickte der Meister seinen Schüler Shinzato Jin'an, um ihn zu vertreten. Alle Anwesenden waren Vertreter berühmter japanischer Kampfkunstschulen. Als ein anderer Meister Meister Shinzato fragte, welchen Stil er vertrete, wußte dieser zunächst keine Antwort. Auf Okinawa war es nicht üblich, daß die jeweilige Kunst des Meisters einen eigenen Namen hatte. Alles wurde in den Überbegriffen Shorin-ryu (Shuri-te und Tomari-te) und Shorei-ryu (Naha-te) zusammengefaßt. Shinzato überlegte schnell und sagte, sein Stile trage den Namen Hanko-ryu (›Hanko‹ bedeutet ›halb-schwierig‹). Auf Okinawa erzählte er Meister Miyagi von dem Vorfall, und dieser, auch ein Meister der Poesie und Dichtkunst, zitierte daraufhin einen Satz aus den »Acht Epen der chinesischen Fäuste« (Bubishi[52]): »Alles im Universum atmet hart und weich.« Aus diesem Zitat stammt der Name ›Goju-ryu‹ (›Goju‹ bedeutet ›hart-weich‹).

1935 kehrte Meister Miyagi endgültig nach Okinawa zurück und unterrichtete dort bis zum Ende seines Lebens. Im Jahre 1952 wurde die Vereinigung für das okinawanische Goju-ryu gegründet. Ein Jahr später, am 8. Oktober 1953, starb der Meister. Er hinterließ sowohl auf Okinawa als auch in Japan mehrere bedeutende Schüler. Doch sofort nach dem Tod des Meisters begann die Auflösung des Goju-ryu. Es war der Beginn eines ewigen Streites zwischen den Schulen, der heute noch andauert.

Das *okinawanische Goju-ryu* brachte viele bedeutende Meister hervor. Hier finden wir auch die innere Linie (Uchi-deshi) des Stils, die durch *Meitoku Yagi* vertreten wird. Der äußere Schüler war Sensei *Seiko Higa*. Dieser war ein großartiger Lehrer und vertrat Meister Miyagi immer dann, wenn dieser sich im Ausland befand. Zahlreiche Namen, die wir heute kennen, sind Namen der Schüler von Sensei Higa. So hat er *Seikichi Toguchi*, welcher das Dojo Shoreikan in Tokyo leitet, und *Toshio Tamano* unterrichtet. Der große Meister des okinawanischen Kobudo, *Matayoshi*, studierte das Karate hauptsächlich unter Seiko Higa. Das gleiche gilt für *Morio Higaonna*, den heutigen technischen Direktor der okinawanischen Goju-Vereinigung. Auch Meister *Izumigawa* aus Japan wurde von Seiko Higa unterrichtet.

Einen anderen starken Einfluß auf das okinawanische Goju-ryu nahm Meister *Miyazato Ei'ichi*, ein weiterer Schüler Miyagis. Meister Miyazato ist auf Okinawa sehr bekannt und unterrichtet in einem der größten okinawanischen Dojo (Yundokan in Naha).

Das okinawanische Goju-ryu hält sich streng an die Richtlinien, die Meister Miyagi für die Übung des Karate aufgestellt hat. Der Wettkampf ist aus diesem System ausgeschlossen, und damit befindet es sich in einem krassen Gegensatz zu den Tendenzen, die in Japan entwickelt wurden. Die Hauptpunkte des traditionellen Goju-ryu sind:

— *Te chikatemani* : Diese Übungsart schreibt vor, daß die traditionellen Kata des Stils mit besonderer Sorgfalt zu üben sind und nicht verändert werden dürfen. Meister Miyagi gründete als Einführung in das Katasystem des Stils die ›Fukyu-Kata‹, die heute in zahlreichen Varianten auch in anderen Stilen geübt werden. Sie entsprechen den Taikyoku-Kata des Shotokan-ryu.

— *Bunkai* : Die Anwendung der klassischen Kata, sowohl im Gesamten als auch in der Übung ihrer einzelnen Kombinationen und Techniken mit dem Partner. Diese Art der Übung erstreckt sich in alle Bereiche des Yakusoku-kumite (abgesprochenes Kämpfen).

— *Te tochimani* : Eine erweiterte Form des Bunkai, in der frei gewählt werden darf. Entspricht etwa dem Jiyu-ippon-kumite aus dem Shotokan-System.

— *Ikukumi* : Die Übung des wirklichen Kampfes. Der höher Graduierte darf sich nur verteidigen, ohne zu kontern, während der Partner wirklich und mit voller Kraft zu treffen versucht.

Heute gibt es viel Aufruhr über dieses von Meister Miyagi vorgeschriebene traditionelle System. Die gleichgesinnten Meinungen haben sich zusammengeschlossen und versuchen, ihren Willen mittels mächtiger Verbände durchzusetzen. Außer ihnen gibt es im Goju heute noch viele Splitterrichtungen mit sehr unterschiedlichen Tendenzen. *Miyagi Takachi* (der Sohn des Meisters) z. B. unterrichtet in Tokyo einen Goju-Stil, aus dem er alle Shinto-Prinzipien, die sein Vater in das System aufnahm, wieder entfernt hat. Damit befindet er sich in einem krassen Widerspruch zum japanischen Goju-ryu (unter Gogen Yamaguchi), in dem die Shinto-Philosophie eine bedeutende Rolle spielt. In den USA, wo das japanische Goju-ryu der WUKO großen Einfluß hat, gibt es Uneinigkeiten in Bezug auf die Frage, ob Wettkampf oder nicht. Selbst Yamaguchis Söhne, die heute selbständig unterrichten, gehen verschiedene Wege.

Die für das Goju-ryu typischen Charakteristiken sind dieselben wie in Higashionnas Naha-te. Man verwendet stabile und kraftvolle (Sanchin dachi), aber auch geschmeidige und bewegliche Stellungen (Nekoashi dachi). Die Fußtechniken richten sich nur selten höher als zum Unterbauch. Die Armtechniken, die aus den Stilen im Süden Chinas stammen (Gottesanbeterin und weißer Kranich), bestehen vorwiegend aus runden Abwehrbewegungen (Mawashi uke) und sind nahe verwandt mit dem chinesischen Wing-chun. Alle Bewegungen sind von einer geräuschvollen Zwerchfellatmung (ibuki) begleitet, die bewirkt, daß der Körper auch starke Angriffstechniken schadlos überstehen kann. In die Aufwärmgymnastik hat Meister Miyagi viele Methoden des indischen Yoga eingebaut. Die Schlüsselstellungen des Stils sind Sanchin dachi, Shiko dachi und Nekoashi dachi. Jede einzelne erfüllt einen jeweils eigenen Sinn, sowohl in Bezug auf den therapeutischen als auch auf den mechanischen Aspekt: Shiko dachi bezweckt die Arbeit mit den Hüften in der Öffnung, Sanchin dachi in der Schließung (Entspannung und Spannung). Der Wechsel zwischen den beiden führt zu einem guten Gleichgewicht und Stand und ermöglicht dennoch weiche Bewegungen. Nekoashi dachi wird häufig als Zwischenstellung für schnelle und geschmeidige Körperbewegungen gebraucht.

Im heutigen Goju-ryu werden 12 Kata geübt: *Gekisai* (zwei Formen), *Tensho, Sanchin, Saifa, Seienchin, Sanseru, Seisan, Shisochin, Seipai, Kururunfa* und *Suparinpei*. Außer den Gekisai-Kata, die Meister Miyagi selbst gegründet hat, stammen alle anderen Formen aus China. Die Tensho wurde von Meister Miyagi selbst als überarbeitete chinesische Kata (Rokishu) eingeführt.

Die Sanchin, Seisan und Suparinpei stammen von Meister Higashionna, und zwar aus der Zeit vor seiner Reise nach China. Er hatte sie vom Juhachira Kanken (Stil der 18 Buddhas) gelernt. Die anderen Kata brachte Meister Higashionna aus China mit. Sie stammen zum größten Teil aus dem ›Hakutsuru Ken‹ (Stil des weißen Kranichs), wurden jedoch im Naha-te in mancher Weise verändert.

In Higashionnas Naha-te übte man auch die *Koshiki Naifanchi* (Naihanchi), die aus der Linie Ason in den Stil floß. Diese Kata steht charakteristisch für die Familie der

DIE GOJU RYU KATA	
GEKISAI 1	- Grundschule für Abwehr und Angriff auf großer Distanz
GEKISAI 2	- Grundschule für Abwehr und Angriff auf kurze Distanz
SANCHIN *(Faust)*	- korrekte Form des Fauststoßes, der Fortbewegung, der Stellung, tiefe Atmung, Spannung der Muskeln
TENSHO *(Hand)*	- Verwendung der offenen Hände, kurze Atmung und Muskelentspannung
SAIFA	- Abwehr- und Kontertechniken mit einer Hand
SANSERU	- Abwehr- und Kontertechniken mit beiden Händen
SEISAN SUPARINPEI	- Kraftkata *(Go Kata)*, Verwendung von Atemi Techniken
SEIENCHIN SHISOCHIN SEIPAI KURURUNFA	- geschmeidige Kata *(Ju Kata)*. Sie enthalten die fünf Techniken des Kampfes mit der leeren Hand (Taijutsu Giji). Diese fünf Techniken sind: Atemitechniken, Gelenkhebel, Würfe, Haltegriffe und Immobilisationstechniken

chinesischen Nanpa Stile (das große Boot des Südens). Sie wurde auf algenbedeckten Steinen oder auf einem Floß geübt und entwickelte ein besonderes Gleichgewichtsgefühl. Später wurde sie in der Itosu-Schule in drei Teile geteilt: Shodan, Nidan und Sandan. Ihre Grundstellung, Naifanchi dachi, ist eine Abwandlung des Sanchin dachi und daher charakteristisch für die Shorei-Stile. In ihr ist die Stellung der Hüfte und die Zusammenarbeit zwischen den Gelenken und der Muskulatur gleich wie im Sanchin dachi. Das spätere Kiba dachi der Shorin-Schulen hat jedoch das Wesen dieser Kata verändert, da das Kiba dachi vollkommen andere Schwerpunkte legt. Die Naihanchi-Kata wurde von Meister Miyagi nicht in seinen Stil aufgenommen, weshalb man sie heute im Goju-ryu nicht mehr übt.

Die Sanchin stammt aus der chinesischen Beeinflussung des Uechi-ryu, wurde jedoch auch von Meister Higashionna gemeistert. Ihr ursprüngliches Ziel war es, sie auf umgestülpten Teetassen auszuführen. In der vorstehenden Tabelle werden die wichtigsten Charakteristiken der heutigen Goju-Kata zusammengefaßt.

Gogen Yamaguchi

Der berühmte japanische Karatemeister des Goju-ryu, Gogen Yamaguchi, wurde am 20. Januar 1909 in Kagoshima/Japan geboren. Er begann sehr früh mit der Übung der Kampfkünste Judo und Kendo in der Jigen-Schule, in der er den großen Schwertmeister Toshiaki Kirino als Lehrer hatte. Seinen ersten Kontakt mit Karate hatte er durch einen okinawanischen Zimmermann namens Maruta. Dieser nahm zu einer Zeit, in der das Karate noch fast ausschließlich geheim geübt wurde, den jungen Gogen als Schüler an. Tagsüber übte Yamaguchi Kendo und nachts Karate.

Bereits in seiner Jugend interessierte er sich sehr für Buddhismus und Shintoismus und wechselte von der Kansai-Universität auf die Ritsumeikan-Universität, die wegen ihres Kampfkunstunterrichts berühmt war. Da dort aber kein Karate unterrichtet wurde, wandte er sich dem Sumo zu.

1931 ließ er sich in Tokyo nieder, wo er 1932 Meister Chojun Miyagi kennenlernte und dessen Schüler wurde. Zu jener Zeit hatte Yamaguchi ein aggressives Temperament, das von Meister Miyagi stark beeinflußt wurde. Während des mandschurischen Konfliktes, an dem Yamaguchi aktiv teilnahm, geriet er in der Mandschurei in Gefangenschaft und blieb einige Jahre dort. Als er nach Japan zurückkehrte, wurde er 1939 von der japanischen Regierung erneut in die Mandschurei geschickt, wo er diesmal bis 1945 blieb. Im August 1945 geriet Yamaguchi in die Gefangenschaft der Roten Armee und verbrachte zwei Jahre in sowjetischen Gefangenenlagern, bis er gegen Ende des Jahres 1947 nach Japan zurückkehren konnte. Nach seiner Rückkehr nach Japan widmete sich Meister Yamaguchi sehr intensiv dem Studium des Shinto, des Zen und des Yoga, die von da an von seinen Karateübungen nicht mehr wegzudenken waren.

Yamaguchi ist der offizielle Nachfolger Miyagis in Japan (in Okinawa ist der Nachfolger Meitoku Yagi). Nach dem Zweiten Weltkrieg gelang es Meister Yamaguchi, mehrere Schulen organisatorisch zusammenzuführen. Im Shotokan-ryu waren ähnliche Bestreben bemerkbar geworden, und bereits früh wurde dort die JKA ins Leben gerufen, um Karate weltweit als Wettkampfsport zu verbreiten. Zu demselben Zweck gründete Yamaguchi 1964 die FAJKO (Federation of All Japan Karate-do Organisations), die das internationale Rennen um olympische Anerkennung des Karate für sich entscheiden konnte.

Yamaguchi hat drei Söhne (Gosei, Gosen und Goshi) und zwei Töchter (Gyokku und Wakako), die alle Karateka von hohem Niveau sind. Sein Sohn Gosei, 8. Dan, ist heute Chefausbilder seiner Organisation in den Vereinigten Staaten.

Yamaguchis direkte Schüler sind: Sonei Chu (Lehrer von Mas. Oyama), Uchida, Okamura, Kizaki, Uchiage,

Iwagami, Kagawa, Tada, Katano, Moriyama, Kimura und seine fünf Kinder.

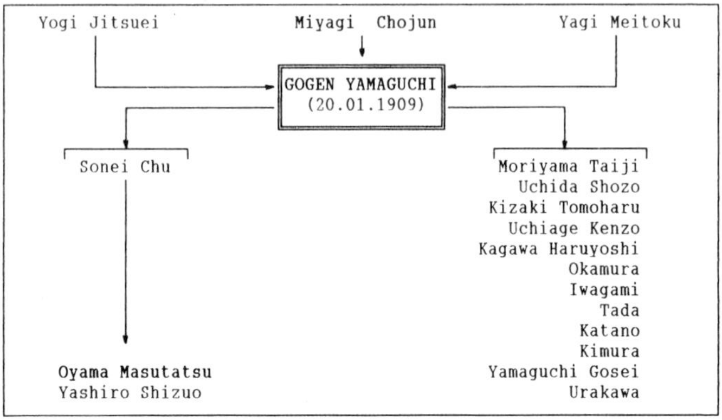

Seiko Higa

Seiko Higa (1898 - 1966) ist einer der großen okinawanischen Lehrer des Goju-ryu. Er war ein persönlicher Schüler und Vertreter der äußeren Linie (Soto-deshi) des Goju-ryu-Gründers Chojun Miyagi. Higa-Sensei galt als einer der fähigsten Lehrer des okinawanischen Goju-ryu. Fast jedes Mal, wenn Meister Miyagi sich im Ausland befand, übernahm Seiko Higa die Trainingsleitung des Goju-ryu in Okinawa. Dadurch wurde er zum Bindeglied zwischen Miyagi und den meisten heute bekannten Goju-Experten. Sein Einfluß wurde auch in Japan spürbar, wo sich über Izumigawa seine Lehre weiterverbreitete. Seine persönlichen Schüler waren: Nakasone Seiyu, Takamine Choboku, Fukichi Seiko, Tamaki Juei, Toguchi Seikichi, Higa Seikichi, Tamaki Ushun, Yohena Tomoshige, Taira Hoshu, Ishimine Choshin, Kiyuna Choyu, Izumigawa Kanki (Kawasaki), Kamiya Jinsei, Nakamoto Seijin, Kina Seiko und Watariguchi.

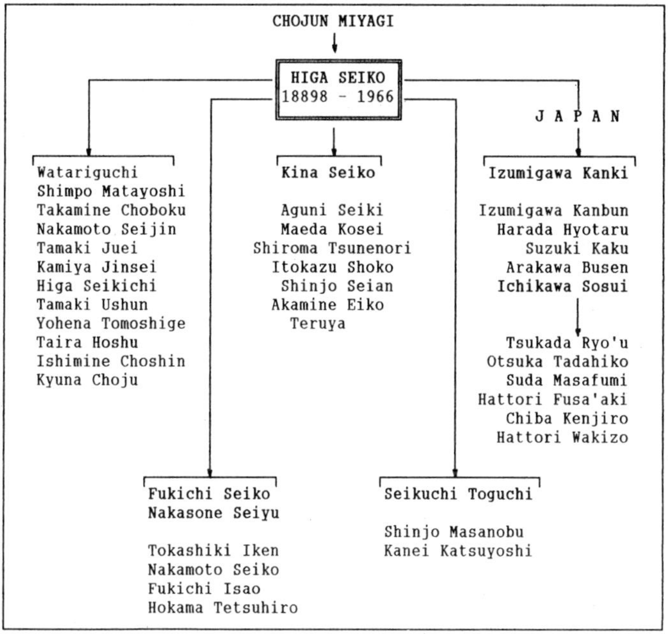

Ei'ichi Miyazato

Auch Meister Ei'ichi Miyazato ist ein okinawanischer Experte des Goju-ryu der alten Garde und ein direkter Schüler von Meister Chojun Miyagi. Miyazato Sensei ist heute einer der wichtigsten Lehrer des okinawanischen Goju-ryu und leitet eine große Goju-Schule in Naha. Er wurde im Jahre 1922 geboren und unterrichtete folgende Schüler: Higaonna Morio, Uehara Ko, Iha Koshin, Arasaki Tsuneo, Kochi Haruo, Kanari Ken'ichi, Kinjo Seiki-

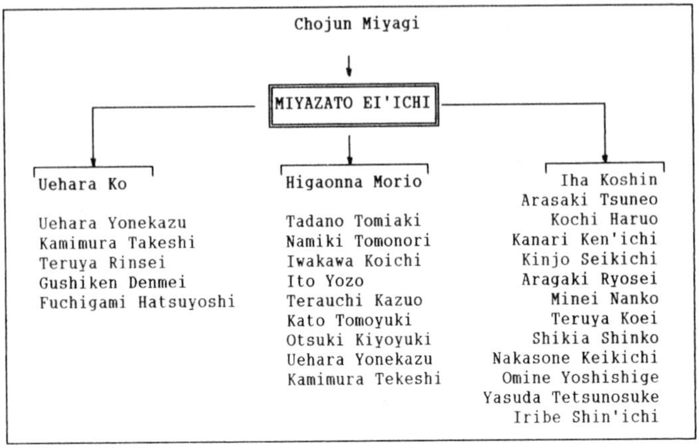

chi, Aragaki Ryosei, Minei Nanko, Teruya Koei, Shikiya Shinko, Nakasone Keikichi, Omine Yoshishige, Yasuda Tetsunosuke und Iribe Shin'ichi.

Meitoku Yagi

Meitoku Yagi ist ein okinawanischer Kampfkunstexperte des Goju-ryu, der höchst graduierte Schüler und der offizielle Nachfolger (Uchi-deshi) von Chojun Miyagi. Nach Miyagis Tod wurde er Vorstand von dessen Schule und erbte 10 Jahre nach dessen Tod den Gürtel des Meisters.

Meitoku Yagi wurde am 6. März 1910 in Naha/Okinawa geboren und entstammt der Teido-Jana-Linie, einer alten okinawanischen Kampfkunstfamilie, die von den auf Kumemura/Okinawa lebenden »36 Familien« das chinesische Ch'uan-fa lernte. Als er 14 Jahre alt war, brachte ihn sein Großvater zu Chojun Miyagi, der zu je-

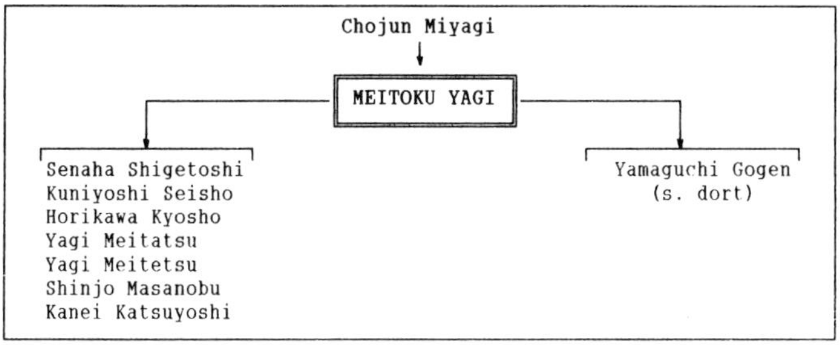

ner Zeit zusammen mit Motobu und Kyan in einem Garten unterrichtete. 1927 verlegte Miyagi den Unterricht zu sich nach Hause und nahm den jungen Meitoku Yagi mit. 1929 wurde Meitoku Yagi Übungsleiter an Miyagis Schule.

Meitoku Yagi blieb immer im Hintergrund. Er war nie auffällig und wußte auf Glanz und Ruhm in der Öffentlichkeit zu verzichten. Er zeichnete sich Zeit seines Lebens durch besondere Treue und Loyalität gegenüber der Tradition und dem Stil aus, weswegen er zu Miyagis Zeit der höchstgraduierte Danträger des Goju-ryu war. Heute unterrichten seine beiden Söhne Meitetsu Yagi (7. Dan) und Meitatsu Yagi (8. Dan) seine Schüler. Er selbst übt immer noch täglich eine Stunde Kata.

Meitoku Yagis Schüler sind: Senaha Shigetoshi, Kuniyoshi Seisho, Horikawa Kyosho, Yagi Meitatsu, Yagi Meitetsu, Shinjo Masanobu, Kanei Katsuyoshi und Gogen Yamaguchi/Japan.

Kanbun Uechi

Kanbun Uechi war ein okinawanischer Karatemeister und der Begründer des Shorei-Uechi-ryu. Er wurde am 5. Mai 1877 auf Okinawa als Sohn einer bescheiden lebenden Bauernfamilie geboren. 1897 reiste er auf Veranlassung seines Vaters nach China in die südliche Provinz Fukien. Der Grund dafür war, daß sein Vater darauf bestand, daß der junge Kanbun die Kampfkünste studieren und außerdem den von Japan aufgezwungenen Militärdienst umgehen sollte. In China übte er unter dem Meister *Chou-tsu Ho* (okinawanisch *Shushiwa*) den Kampfstil Pangai Noon (Fwan-ge-nun).

Dieser chinesische Kempo-Stil ist eine Synthese zwischen den inneren und äußeren Schulen. Es ist ein Zusammenschluß zwischen den chinesischen Formen des Tigers, des Kranichs und des Drachens. Man benutzt kaum die geschlossene Faust, sondern hauptsächlich die Fingerglieder der Hand, die Tigerpranke, die Handfläche, den Daumen und die Finger. Diesen Stil studierte er 13 Jahre lang. Danach unterrichtete er 3 Jahre lang (1907 - 1910) in China. Durch einen tödlichen Unfall in einem Kampf zwischen einem seiner Schüler und einem fremden Herausforderer beeinflußt, beschloß er, sich von den

Kampfkünsten abzuwenden, und im Februar 1910 kehrte er nach Okinawa zurück. Dort lebte er mehrere Jahre zurückgezogen und unerkannt. Er heiratete und wurde Landwirt im Norden Okinawas. Am 26. Juni 1911 wurde sein Sohn Kanei geboren. Nach einiger Zeit erfuhren die Menschen von aus China kommenden Schiffsreisenden, daß Uechi ein großartiger Kampfkunstexperte war, und je mehr er sich weigerte zu unterrichten, umso größer wurde sein Ruf.

Nach langem Drängen führte er eines Tages anläßlich einer okinawanischen Volksfeier die Kata Seisan vor. Die Demonstration war so beeindruckend, daß sie großes Aufsehen erregte. Meister Itosu bot Kanbun Uechi eine Stellung im Lehrerkollegium des Okinawa-te an, die dieser schließlich annahm. Bald darauf jedoch starb Itosu, und es kam zu größeren Rivalitäten zwischen den führenden Meistern. Daraufhin wandte Uechi den Kampfkünsten für einige Jahre erneut den Rücken zu.

Im Januar 1924 siedelte er, entschlossen, nie mehr zu unterrichten, nach Wakayama/Japan um, wohin er seinen Sohn Kanei mitnahm. Dort begegnete er seinem Landsmann Ryuyu Tomoyose, der ihn so lange drängte, bis er in Wakayama ein kleines Dojo eröffnete. Unter seinen Schülern befand sich auch sein Sohn Kanei, welcher zunehmend die Aufgaben seines Vaters übernahm und in den 1940 eröffneten Dojo von Osaka und Hyogo unterrichtete.

1942 kehrte Kanei nach Okinawa zurück und errichtete zusammen mit dem Sohn von Ryuyu Tomoyose (Ryuko) in einem Vorort der Stadt Ginowan auf dem höchsten Hügel von Fantema das Hombu-Dojo des Uechi-ryu. 1947 folgte ihm sein Vater Kanbun nach Okinawa, wo er im darauffolgenden Jahr verstarb.

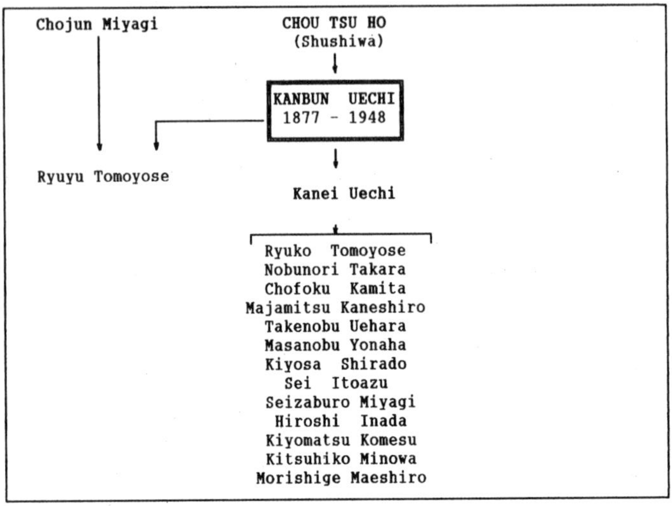

Uechi-ryu

Uechi-ryu ist eine okinawanische Karatestilrichtung und wird dem Shorei-ryu zugeordnet. Der Stil wurde von Kanbun Uechi (1877 - 1948) gegründet. Kanbun Uechi ging im Jahre 1897 in die Provinz Fukien nach China und studierte dort den Stil Pangai Noon, der hauptsächlich aus den inneren Systemen des Ch'uan-fa beeinfußt ist. Der Stil ist auf der Nachahmung der Tiere Tiger, Kranich und Drache aufgebaut und benutzt vorwiegend die Techniken der offenen Hand auf die Vitalsysteme des menschlichen Körpers und tiefe Fußtritte.

Kanbun Uechi kehrte nach Okinawa zurück und unterrichtete lange Jahre nicht. Danach gab er seinen Stil an seinen Sohn, Kanei Uechi, weiter, der 1942 in Ginowan, Okinawa, das Hombu-Dojo des Uechi-ryu gründete. Dieses ist auch noch heute die Hochburg für alle Mitglieder des Uechi-ryu.

Das Uechi-ryu, das wir heute kennen, stammt aus der Arbeit, die Kanei auf das aufbaute, was sein Vater Kanbun ihm hinterließ. Er begann im Jahre 1933, diese Arbeit zu verwirklichen. Ursprünglich lehrte Kanbun Uechi nur drei Kata: Sanchin, Seisan und Sanseru. Diese sind das Gerüst des Uechi-ryu bis auf den heutigen Tag. Um den Stil zu entwickeln, jedoch ohne seinen Geist zu verfälschen, fügte Kanei Uechi noch fünf Kata hinzu, die er selbst gegründet hat: Kanshiwa, Daini Seisan, Konchin, Seichin und Seirui.

Uechi-ryu hat sich in all den Jahren kaum von seinem chinesischen Ursprung entfernt und ist bis heute eine der stärksten Festungen der traditionellen Linie geblieben. Der Stil lebt durch eine ungeheuer vitale Kraft, durch die Nähe zur Realität und durch eine genau erforschte Geisteshaltung im Kampf. Es gibt keine unterschiedlichen Interpretationen, keine Uneinigkeit und keine Disharmonie, obwohl der Stil international verbreitet ist. Dies ist darauf zurückzuführen, daß alle Lehrerpositionen von Kanei Uechi vergeben werden, indem die Anwärter zu ihm reisen, um ihm die Kata Sanchin vorzuführen. Danach entscheidet der Meister über die Erlaubnis zum Unterricht. Zwei von drei Söhnen Kaneis, Kanmei und Hirofumi, fuhren zusammen mit ihrem Vater den Unterricht im Hombu-Dojo. Der Leitsatz des Meisters ist: »Das Einfache ist das Schwierigste, der Anfang ist das Ende.«

Weitere Stile

Gosoku-ryu

Das Gosoku-ryu wurde von Meister Takayuki Kubota (8.Dan) gegründet, der heute in Los Angeles lebt. Der Stil betont kräftige, jedoch schnelle Angriffe und besteht aus einer Kombination zwischen Wettkampf, Straßenkampf und Selbstverteidigung. »Gosoku« bedeutet »fest und hart«. Das System lehrt auch Kata und verschiedene philosophische Hintergründe.

Chito-ryu

Chito-ryu ist ein okinawanischer Karatestil neueren Datums und besteht aus einer Kombination zwischen Shorin-ryu und Shorei-ryu. Chotoku Kyan, Ankichi Aragaki und Choki Motobu brachten die stärksten Einflüsse des Tomari-te in die Stile des Shorin-ryu. Sie lernten jedoch auch unter verschiedenen Meistern aus Shuri. Durch ihren Einfluß wurden drei verschiedene Stile geprägt: Isshin-ryu, Matsubayashi-ryu und Chito-ryu. Chito-ryu wurde von Tsuyoshi Chitose gegründet, der von Meister Ankichi Aragaki unterrichtet wurde.

Isshin-ryu

Das Isshin-ryu wurde als okinawanischer Karatestil von Meister Tatsuo Shimabukuru gegründet. ›Isshin-ryu‹ bedeutet wörtlich ›Weg der vereinten Herzen‹. Die Grundlage des Stils ist das Shorin-ryu des Meisters Chotoku Kyan, jedoch auch das Goju-ryu von Meister Chojun

Miyagi. Shimabukuru sagt: »Shorin-ryu ist die Mutter des Systems, und Goju-ryu ist der Vater. Aus der Einheit der beiden entstand Isshin-ryu.«

Zuerst nannte Shimabukuru seinen Stil ›Chan-migwa‹, zu Ehren seines Lehrers Chotoku Kyan, der diesen Kosenamen (der schmaläugige Kleine) hatte. Später jedoch erschien ihm im Traum eine Wassergöttin, die auf einem Drachen ritt und ihn aufforderte, seine Ideen und seine Kenntnisse in einem Stil festzuhalten. Von diesem Traum erzählte er seinem Onkel Kaneshi (sein erster Lehrer), der nach Shimabukurus Beschreibung die Wassergöttin von dem Maler Nakamine malen ließ. Nach langen Besprechungen wurde dann dieses Bildnis, das die Wassergöttin zur Hälfte als Frau und zur Hälfte als Drachen darstellt, zum Emblem des Stils gewählt. Der Drache symbolisiert den Geist Shimabukurus, dessen Vorname Tatsuo soviel wie ›Drachenmann‹ bedeutet.

Shukokai-ryu

Mit Shukokai bezeichnet man eine japanische Karateschule, die 1948 von Chojiro Tani aus dem Shito-ryu und dem Goju-ryu abgeleitet wurde. Im Jahre 1965 wurde die Richtung von Yoshinao Nambu nach Europa (Frankreich) gebracht. In dem Stil gibt es nur englische Bezeichnungen. Die Techniken sind sehr spektakulär und betonen Geschicklichkeit und Virtuosität. Die Kämpfer verwenden Masken, Perücken und sonstige Gegenstände aus dem japanischen No- und Kabuki-Theater.

Seido-ryu

Seido-ryu ist ein japanischer Karatestil mit traditionellem Inhalt, gegründet von Nakamura Tadashi auf der Basis des Kyokushin-Karate und der Verbindung zum Zen. Die psychologische Basis des Stils besteht aus drei fundamentalen Prinzipien, die ebenfalls aus dem Zen stammen: Respekt, Liebe und Gehorsam.

Tozan-ryu

Das Tozan-ryu wurde als okinawanischer Karatestil von Kensei Kaneshiro gegründet. Kaneshiro war anfangs ein Schüler von Choshin Chibana, wurde jedoch später von Kenwa Mabuni unterrichtet. Über Mabuni, der sowohl unter Itosu als auch unter Higashionna lernte, flossen Elemente des Shorin-ryu und des Shorei-ryu in den Stil. Heute sucht das Tozan-ryu den Anschluß an die Wettkampfstile und über diesen Weg die internationale Verbreitung.

Shindo-shizen-ryu

Shindo-shizen-ryu ist eine japanische Karateschule, die im Jahre 1934 von Konishi Yasuhiro, einem Schüler von Gichin Funakoshi und Morihei Ueshiba, gegründet wurde. Der Stil legt seinen Schwerpunkt auf die geistige Entwicklung der Übenden und betont ganz im besonderen die klassische Kata.

Anmerkungen zum Text

1. *Zen*. Aus dem strengen Hinayana-Buddhismus entstand das Mahayana und entwickelte sich gebietsbedingt unter verschiedenen Aspekten. Eine dieser Richtungen war das indische Dhyana, das sich in China als ›Ch'an‹ und in Japan als ›Zen‹ profilierte.

Das indische Dhyana wurde von dem indischen Mönch Bodhidharma, dem 28. Nachfolger Buddhas und dem ersten Patriarchen (Soshigata) des Zen, im 6. Jahrhundert nach China (Shaolin) gebracht, wo es sich mit der Lehre des Lao-tse (Tao und Yin/Yang) vermischte und in seiner späteren Entwicklung von seinem indischen Ursprung entfernte. Das Wesen der Welt wurde nicht mehr als etwas Unveränderbares, Ruhendes betrachtet, sondern als kontinuierlicher Rhythmus des Werdens und Vergehens. Diese Veränderung unterscheidet das Zen hauptsächlich von anderen asiatischen Glaubensrichtungen mit eher weltflüchtigen Tendenzen. Wegen der ablehnenden Haltung des Zen gegenüber jeder Form von Realitätsflucht und wegen seiner Betonung der praktischen Realitätsbewältigung wurde es in Japan für das kriegerische Bujutsu sehr interessant. Neben anderen war es insbesondere der Mönch Takuan, der durch die Einflußnahme der Zen-Philosophie auf das Bujutsu den Grundstein für das Budo legte.

Zen ist keine Religion, sondern eine Lebenshaltung des aktiven Handelns und geradlinigen Strebens. Dies machte es nicht nur für das Kriegerhandwerk, sondern für die gesamte japanische Kultur sehr interessant, und es dauerte nicht lange, bis es die japanische Ideenwelt vollkommen beherrschte. Keine Kunst Japans blieb von seinem Einfluß frei.

Die wichtigste Übungsmethode im Zen ist das Zazen (Sitzen). Außerdem kennt man noch das Tachi-Zen (Meditation im Stehen) und das Kinhin (Meditation im Gehen).

2. *Bodhidharma*. Indischer Mönch, 28. Nachfolger Buddhas und erster Patriarch des chinesischen Ch'an (Zen). Im Jahre 523 verließ er seine Heimat (südlich von Madras) und wanderte über den Himalaya nach China. Nach mehreren Aufenthalten an verschiedenen Orten ließ er sich in der Provinz Honan (im Norden Chinas) im Kloster Shaolin nieder und lehrte eine aus dem Buddhismus abgeleitete Philosophie der praktischen Selbstbetrachtung: das Ch'an (Zen).

Im Shaolin verband er die Meditationspraktiken des Zen (Zazen) mit verschiedenen gymnastischen Bewegungen, die hauptsächlich von Tieren abgeleitet wurden. Man geht davon aus, daß diese Formen (Shi-pa-lo-han-sho) eine wichtige Rolle in der Entwicklung der Kampfkünste spielten. Außerdem gründete Bodhidharma zwei Sutras: das Yi-jing

Jin (Ekkinkyo) stellte eine Reihe von Übungen und Atemtechniken vor, durch die der Körper zum Durchhaltevermögen und Widerstand erzogen werden kann, und das Xi-shui Jin (Senzuikyo) erläutert, wie man geistige Stärke (Ki) entwickelt.

3. *Shi-pa-lo-han-sho* oder die ›18 Hände der Lo-han‹ bestanden aus einer Reihe von physischen Übungen, die im Shaolin-Kloster gelehrt wurden, um die körperliche Verfassung der Shaolin-Mönche zu verbessern. Wahrscheinlich stammen sie aus der indischen Kampfkunst Vajramushti. Diese 18 Boxübungen waren die Grundlagen für das sich später entwickelnde Shaolin-kung-fu.

Das Ziel der Zen-Meditation ist Satori (Erleuchtung). Auf dem Weg zu diesem Ziel spielt das Körperprinzip eine wichtige Rolle. Die Erleuchtung geht von der körperlichen und geistigen Persönlichkeitsmitte (jap. Hara) aus, aus der heraus der Übende sich darum bemüht, über die elementar-vitalen Kräfte des Selbst zu verfügen. Um dies zu erreichen, entwickelten die Mönche des Shaolin eine Körperschule, durch die sie Zugang zu der unmittelbaren vitalen und natürlichen Automatik des Körpers fanden. Dies konnte jedoch nur dann gelingen, wenn diese natürlichen Anlagen von den störenden Einflüssen des Ego befreit wurden.

Das Erreichen dieses Ziels liegt in der sinnvollen Wiederholung ein und desselben Bewegungsablaufes, mit einer nach innen gerichteten aufmerksamen Konzentration. Anfangs waren diese Übungen nicht kampforientiert, sondern dienten innerhalb der Meditation dem Zweck, die Harmonie zwischen Geist und Körper zu vervollkommnen. Bald jedoch stellte sich heraus, daß dieses meditative Ziel die höchste Bewußtseinsstufe für den Kampf darstellte.

Nach Bodhidharmas Tod vergingen einige Jahrzehnte, bis über die Lo-han wieder berichtet wird. Dies geschah in Verbindung mit einem Boxmeister namens Cheh Yuan, der das Amt des Oberpriesters im Shaolin innehatte. Er griff die Lo-han wieder auf, verband sie mit seiner eigenen Vorstellung vom Kämpfen und erweiterte sie auf 72 Bewegungen. Nach einiger Zeit begann er verschiedene Boxmeister im Shaolin zu versammeln. Unter ihnen waren Pai-yu Feng und Li von besonderer Bedeutung. In gemeinsamen Studien erweiterten sie die Lo-han auf 170 Bewegungen. Den besten gaben sie Namen, und es entstand die Form des Drachen, des Tigers, des Kranichs, der Schlange usw.

4. *Kung-fu*. Moderner Ausdruck für die chinesischen Kampfkünste, der hauptsächlich durch die Kung-fu-Filme bekannt geworden ist. ›Kung-fu‹ bedeutet ›harte Arbeit‹, und man bezeichnet damit die rein äußerliche Kampfkunst (im Gegensatz zu Kuo-shu) ohne traditionelle Inhalte.

5. *Taoismus.* Philosophische chinesische Schule (Chia), gegründet von Lao-tse durch sein Werk Tao te king. Zum philosophischen Taoismus (Tao-chi) zählt man auch noch die erste Prosadichtung Chinas, ›Das wahre Buch vom südlichen Blütenland‹, von Chuan-tsu. Zu den bedeutendsten Praktiken des philosophischen Taoismus zählt man die Meditation und das Nachahmen vom Tao (Wirkkraft der Natur) im eigenen Denken und Handeln. An überweltliche Ereignisse, wie z. B. die Unsterblichkeit, glaubt man im philosophischen Taoismus nicht.

Der religiöse Taoismus (T'ai-chiao) lehrt die Hinwendung des Menschen zur Natur und die Kultivierung der inneren Ruhe und Kraft (Ch'i-kung). Ursprünglich wurden alle Übungen, die zur Kontrolle der inneren Kraft ausgeführt wurden, gemacht, um Unsterblichkeit zu erreichen. Diese Richtung hat ihren Ursprung im alten chinesischen Volkskult. Sie gründete viele Schulen mit unterschiedlichen Schwerpunkten. Aus der ›Hygiene-Schule‹ stammen z. B. die taoistischen Atem- und Gymnastikübungen. Bereits lange Zeit vor der Entstehung des chinesischen Ch'an im Shaolin gab es große Schulen des Taoismus mit hochentwickelten Praktiken. Wunderheilungen, physische und geistige Alchimie und Diätetik, Meditation, Atemübungen, Gymnastik usw., dienten der Kontrolle und Erhaltung der universellen Kraft (Ch'i). Die Verlängerung des Lebens suchte man mittels Unsterblichkeitselexieren zu erreichen.

6. *Ch'i-kung.* Kultur der vitalen Energie, Übungspraktik des religiösen Taoismus. Ch'i-kung wird als Überbegriff für alle Übungen gebraucht, die die Stärkung der Lebenskraft (Ch'i) beabsichtigen. Sie sind eng mit der chinesischen Medizin (Yao) verbunden und ergänzen sich mit dieser. Zu ihnen gehören Übungen zum Regulieren des Körpers und des Geistes, Übungen der Atmung (Ch'i chi-kung), Bewegungsübungen und Selbstmassage. Im erweiterten Sinn gehören dazu alle chinesischen Kampfkünste (Wu-shu), insbesondere jedoch T'ai-chi ch'uan, Hsing-i und Pa-kua. Entsprechend den Vorstellungen über die Existenzformen des Ch'i unterteilt man die Ch'i-kung-Übungen in innere Übungen (Nei-kung) und in äußere Übungen (Wai-kung). Die inneren Übungen, auch passive Übungen, werden im Liegen, Sitzen oder Stehen ausgeführt und bezwecken eine nach Innenwendung des Geistes. Die äußeren Übungen, auch aktive Übungen, bestehen aus Bewegungsfolgen und bezwecken eine Koordination von Bewußtsein und Atem mit den Körperbewegungen. In dieser Übungsform sind auch die Kampfkünste enthalten.

7. *Hsing-i.* Chinesische weiche Kampfkunst, deren Stellungen auf den fünf grundlegenden Elementen der chinesischen Kosmologie (Erde, Wasser, Holz, Feuer, Metall) beruhen und deren Formen nach Tieren

benannt sind. Die Bewegungen erfolgen auf gerader Linie. Hsing-i besteht aus 12 sehr schwierigen Bewegungsformen (Kata) und ist wahrscheinlich der Vorläufer von Pa-kua.

Hsing-i lehrt die Nachahmung der Tierbewegungen, da die Tiere dem Menschen in allem überlegen sind, außer im bewußten Denken. Die Bewegungen werden jedoch nicht einfach nachgeahmt (hsing), sondern anstelle der Form wird nur das Prinzip (i) übernommen. So bedeutet Hsing-i die ›wahre Bedeutung‹ (i) der ›Formen‹ (hsing).

8. *Ch'i chi-kung*. Bezeichnung für die taoistischen Atemübungen innerhalb des Ch'i-kung. Sie bestehen besonders in den inneren Schulen (Nei-chia) aus der Atemform selbst, aus der Lenkung und Konzentration des Geistes und aus der Kontrolle des inneren Ch'i. Die Koordination zwischen Atem, Geist und Ch'i-Fluß bewirkt im Übenden harmonische Stärke, in der Gesundheit, der Vitalität, den Handlungen, im Denken usw. Häufig werden diese Atemformen auch mit Bewegungen kombiniert, die zur Gesunderhaltung von Körper und Geist dienen, wie z. B. die Tao-yin oder die Pa-tuan chin. Das T'ai-chi ch'uan wird als die fortgeschrittenste Übung dieser Art angesehen.

Abgesehen von den vielen Atemformen liegt der taoistischen Atmung auch ein physischer Vorgang zugrunde, der im Auf und Ab der Bauchdecke umgekehrt zur buddhistischen Zen-Atmung funktioniert. Aus diesem Grund nennt man die taoistische Atmung auch umgekehrte Atmung. Allein der physische Vorgang bewirkt eine durch Spannungen vervorgerufene Massage der inneren Organe, eine gute Blutzirkulation und eine ausreichende Sauerstoffversorgung des Gehirns. Man kann diese Atmung üben, indem man eine natürliche Körperstellung einnimmt, die Hände verschränkt und sie mit den Handflächen nach oben bis zum Hals hochführt, während man sie in der Ausatmung wieder senkt. In der Einatmung zieht sich die Bauchdecke nach innen, der After wird gespannt, und die Lendengegend wird nach vorne geschoben. In der Ausatmung werden Spannung und Haltung wieder normalisiert.

9. *Zen-Atmung*. Die Atemmethode, die im Zen gelehrt wird, strebt eine natürliche Form der Atmung an. Sie wird in der Meditation (Zazen) verwendet. Auf die Einatmung hebt sich der Bauch, auf die Ausatmung wird er nach innen gedrückt und preßt die Luft heraus. Da ausschließlich mit dem Zwerchfell geatmet wird, nennt man diese Atmung auch Hara-Atmung. Die Atmungsmethoden (Kokyu-ho) aus den japanischen Kampfkünsten sind aus dieser Atmung abgeleitet.

10. *Tan-t'ien*. Japanisch Tanden, Unterleib, etwa zwei Finger unter dem Nabel, der Mittelpunkt des Hara, das geistige und körperliche Zentrum

des Menschen und das Zentrum des Ch'i. Den zentralen Punkt des Tanden nennt man ›Seika-tanden‹, nach einem chinesischen Ausdruck, der ›Fluß des Zinnobers‹ bedeutet. Der Zinnober, eine blutrote Farbe, symbolisiert die vitale Kraft und wird auch Kikai (›Meer der Energie‹, chin. Ch'i-hai) genannt.

11. *Ch'i.* Vitale Energie (jap. Ki), Urimpuls des Lebens, kosmische Kraft, die alle Dinge durchdringt und belebt. In der taoistischen Vorstellung ist diese Kraft identisch mit der Urenergie (Yüan-ch'i) des Alls, die im Körper des Menschen in der Nähe des Nabels (Tan-t'ien) als Nei-ch'i (inneres Ch'i) akkumuliert werden kann. Dieses Ch'i kann man durch Übung kontrollieren lernen.

Die beste Übung, um das Ch'i zu kontrollieren, ist die Atemübung (Ch'i chi-kung). Außerdem entstanden innerhalb des Ch'i-kung (Übungen zur Kontrolle des Ch'i) viele Übungsformen, wie z. B. auch die chinesischen Kampfkünste, die eine Kombination zwischen Atmung und Bewegung sind.

12. *Dojokun.* Vorschriften für die Verhaltensweisen eines Karateübenden, die sich sowohl auf das Verhalten innerhalb als auch außerhalb des Dojo beziehen. Die heute bekannten Grundregeln der Dojokun wurden von dem okinawanischen Karatemeister Sakugawa gegründet, der sich dabei an den chinesischen Formen der Dojokun orientierte, die bis zu Boddhidharma zurückreichen. Die traditionelle Dojokun begründet sich auf fünf Leitsätze:
1. Suche nach der Perfektion deines Charakters
2. Sei loyal, getreu und zuverlässig
3. Achte auf ein gesundes Streben
4. Sei respektvoll gegenüber anderen
5. Verzichte auf Gewalt

13. *Kuo-shu.* Sammelbegriff für alle chinesischen Kampfkünste, wörtlich »nationale Künste«. Während der T'ang-Dynastie bezeichnete man die Chinesen im umliegenden Ausland als »Männer der T'ang«. Die chinesischen Kampfkünste bezeichnete man als »T'ang-shou« (Hände der T'ang) oder als »T'ang-shou tao« (Weg der Hände der T'ang). Die Chinesen selbst verwendeten für ihre Kampfkünste nicht dieselbe Bezeichnung, wie dies die Ausländer taten. Sie gebrauchten dafür den Überbegriff Kuo-shu, der nicht nur die Kampfkünste, sondern die Künste überhaupt zusammenfaßte, da sie alle aus demselben Ursprung (Ch'i-kung) sind. Im Ausland, wo man diese Übungen häufig von ihrem inneren Gehalt entfernte und nur die Formen betrachtete, bildeten sich im Laufe der Zeit viele Bezeichnungen wie Ch'uan-fa, T'ang-shou, Kempo und neuerdings Kung-fu, was jedoch im wesentlichen

immer dasselbe bezeichnet. Heute verwendet man in China den Begriff T'ang-shou, um die Übungen mit traditionellem Inhalt von dem rein auf Äußerlichkeiten ausgerichteten Kung-fu zu unterscheiden.

14. *Land der glücklichen Unsterblichen.* Die religiösen taoistischen Richtungen Chinas, die sich mit dem alten Volkskult verbanden und viele Schulen entwickelten, strebten in ihren anfänglichen Bemühungen hauptsächlich die Unsterblichkeit an. In diesem Umstand sind die späteren Praktiken des Ch'i-kung zu suchen. Besonders wichtig dabei war die Suche nach der Insel im Osten, auf der der Pilz der Unsterblichkeit wachsen sollte.

Diese mystische Insel im Ostchinesischen Meer (P'eng-lai) war in der chinesischen Mythologie der Inbegriff der Glückseligkeit. Auf ihr sollten, nach den Lehren der Taoisten, die Unsterblichen wohnen. Bereits in vorchristlicher Zeit wurde diese Insel von vielen Expeditionen gesucht. Die erste, die den Pilz der Unsterblichkeit suchen sollte, zog im 4. Jahrhundert v. Chr. in die Meere und kam, wie viele andere Expeditionen danach, nie mehr zurück. Heute vermutet man, daß einige dieser Expeditionen nach Okinawa fanden, wo sie danach blieben und die Kultur des Landes reichhaltig beeinflußten.

15. Das chinesische Ch'uan-fa ist deshalb nur teilweise für die Entwicklung des okinawanischen Karate verantwortlich, weil der innere Sinngehalt dieser beiden Kampfmethoden grundverschieden war. Das Ch'uan-fa enthielt entsprechend der chinesischen Tradition viele Elemente des Ch'i-kung, die von den Okinawanern zu der Zeit, als sie mit dem Ch'uan-fa in Berührung kamen, nicht verstanden werden konnten. Bedingt durch die politische Situation Okinawas waren die okinawanischen Experten hauptsächlich an der Wirkung der Kampfkunst interessiert, und allein mit diesem Hintergrund ließen sie sich vom Ch'uan-fa inspirieren. Die chinesischen Kata enthielten außer ihren subtilen Inhalten auch technische Beispiele dafür, wie man einen Gegner besiegt. Diese technischen Beispiele waren es, die das Okinawa-te beeinflußten. Dort, wo die Okinawaner den Sinngehalt der Ch'uan-fa-Kata nicht verstanden, schlossen sie die Faust und verwendeten Kampftechniken mit unterstrichener Körperkraft.

Es dauerte Jahrhunderte, bis die innere Lehre in Okinawa zu wachsen begann. Sicher wurde sie von den chinesischen Experten auf Okinawa und von den Okinawanern, die in China studierten, beeinflußt, doch sie wuchs nicht entsprechend der chinesischen Tradition, sondern in einer starken Verbindung zur okinawanischen Kultur und Denkweise. Die okinawanischen Kampfkünste sind zwar von den chinesischen Techniken beeinflußt worden, doch ihr Inhalt ist heute rein okinawanisch und wurde von Meistern wie Sakugawa, Matsumura, Itosu oder Higashionna geprägt.

16. *Satsuma-Clan.* Zu Ende des 16. Jahrhunderts wurde Japan durch interne Kriege zerrissen. Oda Nobunaga, ein Kampaku (Heerführer), einigte das Reich, indem er die rivalisierenden Daimyo (Lehnsfürsten) zur Ruhe zwang, Sein Nachfolger Toyotomi Hideyoshi setzte sein Werk fort und erlangte große politische Macht. Als er jedoch während einer Schlacht starb, riß einer seiner Generäle, Ieyasu Tokugawa, die Macht an sich und bildete dadurch einen Gegenpol zu den verbündeten Häusern der Toyotomis, die die Macht für sich beanspruchten. Eines dieser Häuser war der mächtige Satsuma-Clan von Kyushu, angeführt von der Familie Shimazu. Zu Anfang des 17. Jahrhunderts kam es in der Nähe von Sekigahara zu einer Schlacht, die die Tokugawa-Verbündeten zu ihren Gunsten entscheiden konnten. Sie stellten danach bis zur Meiji-Restauration eine Kette von 15 Shogun. Die Besiegten waren jedoch zu mächtig, um ignoriert werden zu können. Die Tozama-Daimyo (so nannte man alle Daimyo auf Seiten der Verlierer) mußten künftig Geiseln in das Bakufu (Sitz des Shogun) abstellen, und außerdem versuchte man sie andauernd anderweitig zu beschäftigen, um sie von einer Rebellion abzuhalten. So erhielt der Satsuma-Clan vom Shogun den Auftrag, Okinawa zu erobern und es in eigener Regie zu verwalten. Die Herrschaft der Satsuma auf Okinawa dauerte 300 Jahre, wonach Okinawa als ein Teil Japans integriert wurde.

17. *Shogun.* Bezeichnung für den aus dem Kriegeradel (Buke) hervorgegangenen Befehlshaber Japans. Bereits im 11. Jahrhundert beendeten die Kriegerfamilien Taira und Minamoto die Macht des Kaisergeschlechtes Fujiwara und verdammten damit den Kaiser zur politischen Ohnmacht, die ein Jahrtausend anhalten sollte. Die ersten Shogun wurden durch die Minamoto-Familie gestellt, die von Kamakura aus das Land regierten. 1336 erreichten die Ashikaga-Shogun von Kyoto die Macht und verloren sie 1603 an die Tokugawa-Shogun, die bis 1868 von Edo (Tokyo) aus regierten.

18. *Kikotsu.* Bezeichnung für den Moral- und Ehrenkodex der okinawanischen Kampfkünste, ähnlich dem japanischen Bushido. Kikotsu wurde von den okinawanischen Meistern des Karate und Kobudo entwickelt, die zumeist aus Familien von Bauern, Handwerkern und Kaufleuten stammten, also aus den nichtkriegerischen Kasten. Besonders zu der Zeit der großen okinawanischen Widerstandsbewegung gegen die Satsuma stand Kikotsu dem japanischen Bushido entgegen und in nichts nach. Aus jener Zeit rührt eine tiefe Feindschaft zwischen den Okinawanern und den Japanern, die bis heute noch nicht vollständig behoben ist.

19. *Meiji-Restauration.* Anfang des 19. Jahrhunderts begannen die letzten Tokugawa-Shogun sichtlich an Macht zu verlieren. 1867 legte der 15.

Tokugawa-Shogun die Macht wieder in die Hände des Kaisers zurück. Dieser verlegte 1868 seine Hauptstadt von Kyoto nach Edo (Tokyo), von wo aus bisher die Shogun regierten, und erließ eine Reihe von Verordnungen gegen die Rechte der Samurai, die in der Geschichte als die Meiji-Restauration bekannt sind. Durch diese Verordnungen hob er den privilegierten Kriegerstand in der Gesellschaft Japans auf, wodurch sich eine völlig neue Klassenunterscheidung ergab. An Stelle der Samurai an der Spitze der Gesellschaft trat nun die Klasse der Gebildeten und des Adels (Shizoku), während alle anderen zum gewöhnlichen Volk (Heimin) gehörten.

20. *Kake dameshi.* Krafttest oder Kraftübung im okinawanischen Karate. Eine Form von Kake dameshi, die man auch heute noch kennt, ist Tameshi wari (Bruchtest). In den früheren Karatestilen kannte man eine Form von Kake dameshi, die darin bestand, daß der Übende den Fauststößen und Fußtritten eines Partners standhalten mußte. Oft wurde diese Übung als Ergänzung zum Katatraining gemacht. Sie diente dazu, den Körper abzuhärten und ihn auch starke Angriffe unbeschadet überstehen zu lassen.

21. *Shimeijurasan.* Ausdruck im okinawanischen Karate, der sich auf die umfassend korrekte Ausführung und Anwendung der Technik bezieht. Shimeijurasan enthält die Formen des Kime in der Technik, die Kontrolle des Ki-Flusses in der Bewegung, die Kontrolle der Atmung und des Geistes, die therapeutischen Wirkungen der Technik auf den Ausführenden usw. Als solches ist es ein nie vollständig zu erreichendes Ziel der Übung, das man jedoch beständig anstreben muß. Es ist der Inbegriff für den Fortschritt in der Technik, durch den die Übung auf ein immer höheres Niveau gehoben werden kann. Shimeijurasan ist als Methode der Suche nach Selbstperfektion die höchste Motivation zur Übung für den Fortgeschrittenen und zugleich auch die einzige wahre Art der Motivation (im Gegensatz zur sportlichen Motivation, die sich auf der Suche nach äußeren Zielen mit der Zeit erschöpft).

22. *Keiko.* Wörtlich übersetzt »nachdenken«, »die Vergangenheit überdenken«, im übertragenen Sinn ist dies die Bezeichnung für die Übung. Im Gegensatz zu dem Wort »Renshu«, das man mehr im Sinne des deutschen Wortes für Training gebraucht, bezeichnet Keiko eher das gesamte Üben im Sinne des Budo und umfaßt drei wichtige Komponenten: Waza (Technik), Shin (Geist) und Ki (vitale Energie).

Eine solche Übung enthält die Möglichkeit verschiedener Wege und Ziele, denn sie wird weit weniger von der Form bestimmt als vom Geist dessen, der sie mit Inhalt erfüllt. Deshalb kann man nicht von einem Sinn in der Übung sprechen, wenn man nur ihre Form betrachtet. Alles Wertvolle in der Form ist nicht in einer Demonstration der Formen sichtbar, sondern gewinnt erst jenseits davon Inhalt, dort, wo sich der Mensch im Leben bewährt. Jede wahre Übung hat immer eine Form und einen Wert. Durch die Form allein kann Wert nicht entstehen, sondern nur durch die Bekenntnis des Übenden zum WEG (Do).

Wenn man deshalb über den Wert einer Übung spricht, kann man nicht nur die Form betrachten, denn sie ist nur ein Mittel auf dem Weg. Man muß über den Menschen sprechen, über seinen Standpunkt in der Welt, über sein Denken und Fühlen, über seinen Wert und seinen Inhalt. Er ist das Ziel jeder Übung, denn durch die Übung der Formen kann er wachsen und reifen. Gleich welche Form er übt, sie erfordert immer eine sinngerechte Haltung in der Welt, denn ohne Sinn in der Welt gibt es auch keinen Sinn in der Übung.

23. *Omote und Okuden*. Bezeichnung aus den japanischen Kampfkünsten, die entsprechend den okinawanischen Uchi-deshi und Soto-deshi die innere und die äußere Lehre der Kampfkunst bezeichnet.

Omote bedeutet die offensichtliche, vordergründige Seite einer Angelegenheit. Dies ist der erste Abschnitt des Lernens einer Kampfkunst, in dem es darum geht, die offensichtichen Formen zu meistern. Diese sind jedem Schüler zugänglich, denn in ihnen geht es darum, die Körpertechnik zu meistern. Omote ist das Ziel und der Sinn in den Kampfkünsten, den jeder Anfänger erstreben und verstehen kann. Es dauert bis zu zehn Jahre, um solche Ziele zu verwirklichen.

Okuden hingegen ist die Bezeichnung für den zweiten Abschnitt der Kampfkunstübung, der nur erreicht werden kann, wenn ein Schüler in der Omote-Zeit über die Körpertechnik hinauszudenken lernt und sich mit ideelen Inhalten erfüllt. Nur wenige Menschen erreichen je eine solche Stufe, denn die meisten scheitern an ihrem nichtüberwundenen Ego, da sie als Schüler die Leitsätze und Regeln der Kampfkünste unterschätzen und nicht ernst genug nehmen. »Okuden« übersetzt man auch mit »geheime Lehren«, doch diese sind nicht deshalb geheim, weil sie geheimgehalten werden, sondern weil der Schüler wegen unaufmerksamem Selbstumgang keinen Zugang zu ihnen findet. Ein Lehrer kann einem Schüler nur dann Okuden vermitteln, wenn dieser durch die Art seines Verhaltens (Saho) bereit dazu ist. Dies ist erst der eigentliche WEG der Kampfkünste, denn Omote ist nichts weiter als eine Vorbereitungszeit für den Zugang zu Okuden. Diese »geheime Lehre« des Okuden nennt man Gokui. Im Karate kann sie nur durch die traditionelle Kata vermittelt werden.

24. *Makoto*. Dies ist ein wichtiger Begriff aus der Kampfkunstetikette und bezeichnet die Wahrheit und die Aufrichtigkeit eines Übenden sich selbst und anderen gegenüber. Der Weg der Kampfkünste ist ein

Weg der Selbsterfahrung und kann nur dann Erfolge bringen, wenn ein Übender sich selbst gegenüber aufrichtig ist, das heißt, daß er seinen inneren tatsächlichen Zustand anerkennt und ihn nach außen in Wahrheit vertritt. Erkennt er nur sein Vorurteil, kann er nicht wachsen. Um diesen Begriff dreht sich der gesamte innere Fortschritt in den Kampfkünsten, und die aufrichtige Bemühung um seine Verwirklichung läßt den Übenden viele Zusammenhänge innerer und äußerer Strukturen im menschlichen Wesen verstehen, wie z. B. die Bedeutung von Demut, Achtung, Liebe, Ehrlichkeit, Hingabe, Gerechtigkeit usw. Makoto ist kein Inbegriff westlich verstandener Tugend, sondern die Grundlage zu jeder menschlichen Reife und der Antrieb zu jeder bestimmungsgebundenen Strebsamkeit innerhalb menschlicher Möglichkeiten und Ziele.

25. *Kara.* Bereits im Jahre 1904 brach der okinawanische Meister Chomo Hanashiro zum ersten Mal mit der alten Form, ›Karate‹ zu schreiben, als er in seinem Buch »Karate Shoshu Hen« das heutige Schriftzeichen für »Kara« statt des alten, das für ›chinesische Hand‹ stand, verwendete. Es war das erste Werk, in dem das neue Schriftzeichen gebraucht wurde.

26. *Gimma Makoto.* Okinawanischer Kampfkunstexperte, der zusammen mit Meister Funakoshi nach Japan ging. Er lernte unter Meister Itosu, danach unter Mabuni und Kyan, ehe er in Japan Meister Funakoshis Schüler wurde. Gimma war der erste Karateka, dem Meister Funakoshi einen Dan aus dem neu übernommenen Graduierungssystem zusprach. Doch Makoto Gimma kann nicht wirklich zu den Schülern Funakoshis gezählt werden, denn er war bereits ein Meister der Uchideshi-Linie, die über Kyan führt. Heute ist er der höchstgraduierte Meister des Shotokan (10. Dan).

27. *Menkyo kaiden.* Menkyo war ein altes japanisches System der Rangordnungen und Graduierung im Bugei (alte Kriegskunst). Es bestand aus einer Art Genehmigungen (Kaiden) zum Unterrichten der Kampfkunstsysteme, die in Form einer Urkunde (Makimono) mit Nummern von 1 bis 5 von den Vorständen der Stile an reife Schüler vergeben wurde. Sie bezeugte die endgültige Meisterschaft einer Kampfkunst und gestattete dem Schüler, den Stil im Namen des Meisters zu unterrichten.

28. *Kuatsu.* Japanische Kunst der Wiederbelebung und der ersten Hilfe bei Ohnmacht oder Bewußtlosigkeit infolge von Traumatismen oder Würgegriffen. Urspünglich wurde diese Technik von den chinesischen Heilsystemen und dem japanischen Shiatsu abgeleitet. Kuatsu ist

ausschließlich fortgeschrittenen Schülern zugänglich.

Das Kuatsu verwendet Methoden des Schlagens, Pressens und Massierens verschiedener Reflexzonen des Körpers. Diese Punkte stimmen mit den Meridianpunkten der asiatischen Akupunktur und Akupressur überein, beschränken sich jedoch auf die Aufhebung von Wirkungen infolge Verletzungen durch Kampftechniken.

29. *Bonno*. In der direkten Übersetzung bedeutet Bonno »weltliche Sorgen« und wurde als Prinzip des Lernens zuerst im Zen geprägt und danach in die Kampfkünste übertragen. Im übertragenen Sinn bezeichnet der Begriff alle Arten von sinnlichen Begierden, unkontrollierten Leidenschaften oder psychischen Problemen, alles häufig anzutreffende Bewußtseinszustände bei ungeübten Menschen. In einer solchen Haltung ist der Geist des Übenden fixiert, verliert seine Ruhe und seinen klaren Blick für die Realitäten und ist zum Lernen unfähig. Bonno entsteht, wenn ein Mensch sich aus der eigenen Verblendung, aus den zur Realität werdenden Vorstellungen, Wünschen und vorurteilsvollen Sichten der Dinge nicht befreien kann und ihnen zum Opfer fällt. Im Zen legt der Anfänger ein Gelübde ab, durch das er gebunden ist, solche Haltungen auszuräumen oder in ihnen dem Meister Zugang zu dem innersten Kern zu gewähren. Bonno sind durch Meinungen und Vorurteile hervorgerufene falsche innere Haltungen, die dann, wenn sie auftreten, jedes Lernen und jeden Fortschritt unterbinden. Das ewige Beleidigtsein oder das Festfahren in unüberprüften Meinungen über Dinge fält z. B. unter Bonno. Schüler, die es versäumen, solche Haltungen kontrollieren zu lernen, berauben sich der Chance ihrer Eigenverwirklichung. Aus diesem Grund zählt Bonno zu den gravierendsten Hindernissen auf allen Wegen des Do.

30. *Sabi und Wabi*. Bezeichnungen für die aus dem Zen übernommenen Grundsätze der zeremoniellen Ästhetik, die auch in den Kampfkünsten in einem entscheidenden Maß die Verhaltensetikette (Saho) bestimmen und den Schüler zur Achtsamkeit gegenüber den »kleinen« Dingen erziehen. Mit Sabi bezeichnet man z. B. den Umstand, daß man seinen Gürtel (Obi) nie wäscht oder verleiht. Jeder Tropfen Schweiß in ihm ist ein Teil der Erfahrung. Wäscht man ihn, wäscht man auch die Erfahrung weg. Jeder Gürtel erzählt eine eigene Geschichte von Freude und Leid, von Freundschaft und Mißverständnissen, von Erfolg und Mißerfolg, aber auch von Versagen, von Schmerzen und persönlichen Tiefen. Der Gürtel ist ein Abbild für den Weg, den ein Mensch in den Kampfkünsten geht. Aus diesem Grund ist es für einen Schüler eine große Ehre, wenn ein Meister ihm seinen Gürtel schenkt. Auch nimmt man den Gürtel eines Unbekannten nur mit Vorbehalten an und lehnt den Gürtel eines Menschen, der Saho verletzt, ab.

Wabi ist eine Bezeichnung für die Einfachheit und Dürftigkeit der Dinge. Dies kommt z. B. in der traditionellen Karatekleidung (Gi) zum Ausdruck, die nach alter Tradition immer einfach und sauber sein muß. Die heute gebräuchliche Verwendung schillernder und geschmückter Anzüge widerspricht dieser Tradition. Alle Formen in der Lehre über den WEG (Do) sind einfach: einfache formelle Gärten, Malereien mit wenig Pinselstrichen und ohne malerische Details. Gerade in dieser Einfachheit liegt jedoch der ästhetische Wert aller Formen im Zen. Westliche Kulturen sind meist laut und bunt und identifizieren sich mit äußerer Auffälligkeit. In der Lehre über den WEG (Do) heißt es, daß man diese Tendenzen zur Überschwenglichkeit und die Identifikation mit dem glänzenden Äußeren überwinden muß, um in der Lage zu sein, seinen eigenen wahren Kern sehen zu können. Diese Übung führt zu Demut und ehrlicher Selbstbetrachtung.

31. *Choki Motobu.* Okinawanischer Karatexperte, auch »Hombu« oder »Saru (Affe) von Motobu« genannt. Er wurde im Februar 1871 in Shuri als dritter Sohn eines ranghohen Fürsten geboren. Nach den damaligen Sitten wurde jedoch nur dem ersten Sohn eine außergewöhnliche Erziehung zuteil. So war Choki gezwungen, sich selbst um das Lernen der Kampfkünste zu kümmern.

Choki Motobu wollte der stärkste Kämpfer auf der Insel werden. Er trainierte zunächst ohne Anleitung und testete regelmäßig seine Fähigkeiten, indem er die Vergnügungsstätten aufsuchte und Streit provozierte. Wegen seiner rauhen Art lehnten die damaligen Meister des Karate es ab, ihn zu unterrichten. Motobu jedoch gab nicht nach. Er trainierte verbissen weiter, und auf diese Weise beeindruckte er den Tomari-te-Meister Kosaku Matsumora, der sich endlich dazu bereit erklärte, Motobu die Kata Naihanchi (Tekki) und Patsai (Bassai) zu lehren.

Motobu war einer der stärksten Kämpfer des okinawanischen Karate. Er war von kräftiger Gestalt und hatte Hände und Füße wie Schaufeln. Meist blieb er im Kampf unbeweglich stehen, ließ sich treffen und konterte mit starken Fausttechniken aus der Nahdistanz. Als die Japaner die okinawanischen Meister aufforderten, das Karate in Japan zu demonstrieren, stand sein Name neben dem von Funakoshi ganz oben auf den Listen. Doch Motobu war ungebildet und roh, und so gab man Funakoshi den Vorzug. Dennoch fuhr er nach Japan, zunächst nach Osaka, dann nach Kyoto. Dort bestritt er einige aufsehenerregende Kämpfe und erteilte auch zeitweise Unterricht. Doch wegen seiner flegelhaften Art und seiner notorischen Ablehnung gegenüber den Japanern kam er in Japan nicht zurecht, und so kehrte er, nachdem er sich selbst den elften Dan verliehen hatte, 1926 nach Okinawa zurück und begann unter Kentsu Yabu die alten klassischen Formen des Karate zu studieren.

Motobus Stil ist einzigartig, denn er entwickelte sich aus einem ausgewogenen Verhältnis zwischen Kumite und Kata. Eine von Motobus Spezialitäten war Keikoken tsuki (Knöchelstoß mit dem Zeigefinger). Kein anderer erreichte je die Durchschlagskraft mit dieser Technik wie Motobu. Er starb am 2. September 1944 im Alter von 73 Jahren.

32. *Hanshi.* Auch Shihan, Bezeichnung für einen Danträger der höchsten Stufen in den Kampfkünsten. Das Dan-System wurde erst von Meister Funakoshi ins Karate gebracht. Davor gab es keine Graduierungen. Später unterteilte man die Karateübenden in Mudansha (Schüler mit Kyugraden) und in Kodansha (Meister mit Dangraden). Die Meister trugen ab dem fünften Dan die Bezeichnung Renshi, ab dem siebten Dan die Bezeichnung Kyoshi und ab dem neunten Dan die Bezeichnung »Hanshi« (Shihan). Bis zum fünften Dan betrachtet man sie als »technische Grade« (Yudansha), und ab dem fünften Dan sind es »Ehrengrade« (Kodansha). Die Titel innerhalb der Ehrengrade haben ihre eigene Bedeutung. Renshi entspricht der Meisterschaft des Selbst, Kyoshi zeigt den Grad der inneren Perfektion an und gebührt nur den Experteninstruktoren, während Hanshi der geistigen Meisterschaft entspricht. Der Titel Hanshi steht einem Sensei zu und wird von den eigenen Schülern verliehen.

33. *Chinesische Klassiker.* Sowohl auf Okinawa als auch in Japan betrachtete man jahrhundertelang die chinesische klassische Philosophie als den Mittelpunkt der Bildung. Aus den vielen Strömungen der chinesischen Philosophie entwickelten sich als die bedeutendsten insbesondere vier Schulen (Chia), die man als die »vier chinesischen Klassiker« bezeichnet. Diese sind: Ju-chia (Konfuzius), Mo-chia (Mo-ti), Fachia (Schule des Gesetzes) und Tao-chia (Lao-tse).

34. *Anko Azato.* Okinawanischer Kampfkunstexperte (Yasutsune Azato Peichin) des Shorin-ryu, Uchi-deshi des Meisters Sokon Matsumura. Lehrer von Gichin Funakoshi und Ogusuku Chogo. Freund von Yasutsune Itosu.

35. *Hitokata Sannen.* Wörtlich: »drei Jahre für eine Kata«. In der Vergangenheit wußten die Meister, daß die Meisterschaft einer Kata viele Jahre der Arbeit bedeutet. Sie erlaubten keinem Schüler, eine neue Kata zu lernen, ehe er die alte nicht vollkommen gemeistert hatte. Ihr überliefertes Wissen weist auch heute darauf hin, daß man viel Treue, Zähigkeit und Hingabe braucht, um eine Kata wirklich zu meistern. Drei Jahre war früher das Minimum an Zeit, die ein Übender aufwen-

den mußte, um zu verstehen, was eine Kata wirklich bedeutet.

Das richtige Verständnis der Kata erlaubte einem Kampfkunstübenden, das Gefäß seines Lebens mit klarem Wasser zu füllen, nicht mit trübem. Ohne die Anleitung eines Lehrers und der Kata wird der Übende nie zwischen klarem und trübem Wasser unterscheiden können, auch wenn er dies von sich glaubt. Die Kata lehrt die essentielle Fähigkeit zum Leben, sowohl für den Alltag als auch für den Kampf. So, wie der Übende sich mit seiner Kata in Einklang bringt, wird er am Ende mit sich selbst im Einklang sein.

36. Als Meister Funakoshi nach Japan kam, erklärte er, daß die Stilgründungen, die in den japanischen Kampfkünsten sehr häufig waren, dem Karate nicht dienlich seien. Er erklärte das System des Karate als unabhängig von allen Stilen und betonte immer wieder, daß es nur ein Karate gäbe. Das Shotokan-System sah er selbst nicht als einen Stil im Karate an, sondern seine Schüler bezeichneten diese Kampfkunst so, um sie von anderen Karatesystemen abzuheben. Meister Funakoshi war der Meinung, daß die Stile als abgegrenzte Systeme die Fortgeschrittenen daran hindern, über die Formen hinauszugehen. Er sah eingegrenzte Systeme, wie das die Stile waren, als wichtig für die Ausbildung der Anfänger an, glaubte aber, daß die Fortgeschrittenen aus der Einheit des Karate weit mehr Nutzen ziehen konnten als aus einem eingeengten System. Er sah bereits damals die Problematik der Stilgegenüberstellungen unter dem Blickpunkt gegenseitiger Konkurrenz voraus und wehrte sich entschieden dagegen, dazu beizutragen. Er meinte, daß das Karate eine unerschöpfliche Quelle von Erfahrungen und Werten sei und daß das nur so lange so bliebe, solange die Stile nicht Einzelwerte für sich beanspruchen und gegenüber anderen abgrenzen würden. In den Stilgründungen sah er ein Vorteil für das Lernverständnis der Schüler, jedoch ein Nachteil für die Entwicklung der Fortgeschrittenen.

37. Seit jeher wurde Karate als Kunst der Selbstverteidigung gelehrt, und die Meister sahen den Wert des Karate schwinden, wenn dieses Ziel sich verändern würde. Das strenge System der Kata wurde als psychologische und körperliche Ausbildung verwendet, und die Ausübung des Karate als Wettkampf war streng verboten, weil dadurch das Gegenteil zu dem erreicht wird, was die Übung des Karate bezweckt: die Überwindung des Ego.

Als Meister Funakoshi nach Japan kam, legte er sehr großen Wert auf die Lehre des Karate als Kunst und war gegen jede Interpretation als Sport. Dementsprechend waren auch seine Übungssysteme. Das Üben und Entwickeln von Angriffstechniken war verboten (»Karate-ni sente nashi«), wie auch die Befreiung der Übenden aus den strengen Systemen der Kata hin zu den egobefriedigenden Übungen des Freikampfes. In Japan war man jedoch gerade dabei, alle alten Kampfkünste in Wettbewerbssportarten umzufunktionieren, weil einige Meister der damaligen Zeit glaubten, daß dies die einzige Möglichkeit der weltweiten Verbreitung sei.

Meister Funakoshi konnte mit seinen Schülern der ersten Generation (vor dem Krieg) diesen Tendenzen widerstehen, doch danach kamen junge Leute wie Nakayama oder Nishiyama, die gegen die strenge Tradition revoltierten. Sie forderten die Veränderung des Karate zum Wettbewerb, und da Meister Funakoshi nicht nachgab, kam es zur Spaltung des Shotokan-Dojo in JKA und Shotokai.

38. *Yoshitaka Funakoshi.* Meister Funakoshis Sohn, der zur Zeit des Zweiten Weltkrieges Chefausbilder im Shotokan-Dojo war. Über die wirkliche Identität Yoshitakas besteht heute Uneinigkeit. Meister Egami behauptet, daß Yoshitaka und Gigo ein und dieselbe Person waren, andere sagen jedoch, es hätte noch einen Gigo gegeben. Es heißt, daß Gigo ein Adoptivsohn Funakoshis gewesen sei, der von seinem Vater selbst in der Kampfkunst ausgebildet wurde und zusammen mit zwei weiteren Schülern Funakoshis (Chojin Kuba und Maegusuku Chotoku) in Okinawa unterrichtete. Der jüngste Sohn Funakoshis, Yoshitaka, zog mit dem Meister nach Japan, um ihm dort im Shotokan-Dojo zu helfen.

Auf jeden Fall besteht über die Existenz des jüngsten Sohnes von Funakoshi kein Zweifel. Im Shotokan-Dojo hatte er einen entscheidenden Einfluß auf die Entwicklung des Karate zu jener Form, wie es heute in den Sportdojo ausgeübt wird. Mit seinem Vater befand er sich darin nicht im Einklang, und man sagt, es hätte zwischen den beiden des öfteren Auseinandersetzungen gegeben.

Yoshitaka hatte Tuberkulose und war zeitweise dazu verurteilt, mit der Übung auszusetzen. Dazwischen trainierte er jedoch wie ein Besessener, um vor seinem Tod ein höchstmögliches Niveau zu erreichen. Die Wirkung blieb nicht aus, denn er erreichte tatsächlich ein hohes Niveau an Können, doch seine Übung geriet zunehmend in die Extreme, was sein Vater mißbilligte. Die Techniken wurden extrem beschleunigt, durch hartes Konditionstraining mit großer Kraft ausgeführt, und die Stellungen wurden immer tiefer. Das Training ging bis zur körperlichen Erschöpfung, was gegen die Prinzipien von Meister Funakoshi war, der immer sagte: »Karate ist für alle Menschen da, gleich in welcher körperlichen Verfassung.«

Man muß jedoch auch in Betracht ziehen, daß die Karate-Dojo jener Zeit oft für nationalistische Zwecke mißbraucht wurden. Viele von ihnen dienten zur Ausbildung von Kamikaze und dabei war das Training über die körperlichen Grenzen hinaus eine wichtige Ausbildungsmethode. Auch im Shotokan begannen z. B. Kase und Murakami 1944 Karate mit diesem diffizilen Inhalt auszuüben.

39. *Karate-do Kyohan.* »Der Text des Meisters«, Titel des von Funakoshi 1935 geschriebenen Buches über Karate. Er beschreibt darin hauptsächlich die 15 maßgebenden Kata des Shotokan und die Art, wie sie geübt werden sollen. Außerdem geht er ausführlich auf die philosophischen Prinzipien des Karate ein, auf seinen Wert für die Gesundheit, für die Selbstverteidigung und für die Entwicklung der Persönlichkeit.

Bereits im November 1922 veröffentlichte der Meister sein erstes Buch *Ryukyu Kempo Karate*, dessen Druckvorlagen jedoch 1923 bei einem Erdbeben zerstört wurden. Daraufhin bereitete er eine neue Auflage vor, die er *Renten Goshin Karate Jitsu* nannte. Erst im Jahre 1935 erschien *Karate-do Kyohan*, ein sehr empfehlenswertes Buch, das von Meister Tsutomu Oshima (aktueller Vorstand des Shotokai und Nachfolger Egamis) ins Englische übersetzt wurde.

40. *Yoshin-ryu.* Wörtlich: »Schule vom Herz der Weide«, auch Shindo Yoshin-ryu oder Yanagi-ryu genannt, war Shindo eine alte japanische Schule für Ju-jutsu und Ken-jutsu, gegründet im Jahre 1732 von einem Arzt aus Nagasaki namens Akayama Shinobu, der die Techniken des Hakuda und des Kappo (Kuatsu) beherrschte. Diese lernte er auf einer Chinareise, und als er zurückkehrte, erfand er 300 dem Ju-jutsu ähnliche Bewegungen auf dem Prinzip des Nicht-Widerstandes (wie der Zweig der Weide sich unter den Schneelasten beugt, ohne zu brechen). Diese Bewegungen waren der Ursprung von Jigoro Kanos Konzept, das er nachher im Judo verwendete.

41. *Wa.* Harmonie, Einklang, Frieden. Dieses typische japanische Prinzip versucht die Reinheit und Harmonie des Geistes mit der kosmischen Energie zu vereinigen. In diesem Sinn ist es das Äquivalent des Prinzipes Ju. Wa ist auch die Einheit zwischen den kosmischen und den menschlichen Kräften. Das Wa bedingt demzufolge auch alle Künste (Gei) und Wissenschaften (Jutsu) und versucht so die materiellen Aspekte mit dem Vermögen zur geistigen Energie in Einklang zu bringen. Wa wird daher als das essentielle Prinzip des Universums betrachtet, gleichzeitig Gründer und Zerstörer, positiv und negativ. Es ist identisch mit dem chinesischen Tao, das in einem ähnlichen Vorgang die beiden Kräfte Yin und Yang vereint. Auch ist es identisch mit dem zen-buddhistischen Do, dem höchsten Weg, dem notwendigerweise die Menschen folgen müssen, wollen sie Harmonie erreichen. Das Wa ist schließlich die gleiche endgültige Instanz, die in anderen Kulturen als Gott bezeichnet wird.

42. *Sempai.* Bezeichnung für die fortgeschrittenen älteren Schüler, im Gegensatz zu den fortgeschrittenen jüngeren Schülern, die man Kohai nennt. Sowohl die Kohai als auch die Sempai sind Meistergrade (Yudansha). Die Anfänger (Träger der Kyugrade) nennt man Mudansha. Den höchsten Grad in einer Schule oder in einem System hat ein Sensei (Lehrer). Den Grad des Sensei unterteilt man in Renshi, Kyoshi oder Hanshi. Weit fortgeschrittene Meister, die jedoch keine direkte Schule oder Schüler haben, nennt man Kaiden. Kaiden bedeutet »gleich weit fortgeschritten« (wie ein Sensei), und dies ist der höchste Titel, den ein Sempai erreichen kann. Obwohl dieser Titel in der Graduierung dem Sensei gleich steht, ist er ihm innerhalb eines Schulsystems immer unterstellt.

43. *Shukokai.* Karatestil, gegründet von Meister ChoJiro Tani als Ableitung aus dem Shito-ryu und dem Goju-ryu. Der Stil ist sehr wettbewerbsorientiert und betont virtuose Techniken und akrobatische Aktionen. Die Kämpfer tragen Masken aus dem japanischen No und Kabuki Theater.

44. *Ibuki und Nogare.* Atmungsmethoden, die in den okinawanischen Stilen des Shorei-ryu verwendet werden. Obwohl das Shorei-ryu stark von den taoistischen Methoden des Ch'i-kung beeinflußt wurde und die gleichen Aspekte der Arbeit mit der vitalen Energie kennt, beruhen die Atmungsmethoden Ibuki und Nogare auf der zen-buddhistischen Haraatmung, d. h. während der Einatmung tritt die Bauchdecke nach außen und umgekehrt. Der Unterschied zu den Atmungsmethoden des Shorin-ryu besteht darin, daß am Ende der Ein- oder Ausatmung der Luftstrom noch einmal mit intensiver Spannung der Bauchmuskeln fortgesetzt wird.

45. *Dim-mak.* Chinesische Wissenschaft über die Körperpunkte (auch Tich hsuch), abgeleitet aus dem Ch'i-kung und speziell für die negative Stimulation des menschlichen Vitalsystems in den Kampfkunsten angewendet. Dim-mak lehrt die Formen der Kraftanwendung bei Druck oder Schlag auf die verschiedenen Nervenpunkte (Dim-ching) des menschlichen Körpers, auf verschiedene Stellen des Blutkreislaufes (Dim-hsuen), sofortige oder spätere Wirkungen oder auch Aufhebung der Wirkungen. Außerdem lehrt Dim-mak, daß der menschliche Körper an warmen oder kalten Tagen, vomittags und nachmittags, im Winter und im Sommer usw. verschieden reagiert. Dim-mak lehrt Schläge mit verzögerter Wirkung, die sich erst nach Monaten oder Jahren bemerkbar machen, wenn durch Druck oder Schlag auf bestimmte Punkte innere Organe in ihrer Funktion beeinträchtigt werden.

46. *Unsoku ho.* Form von Tai-sabaki (Bewegung des Körpers durch Verschiebung des Schwerpunktes zusammen mit Techniken). Unsoku-ho bedeutet Bewegung der Füße. Gemeint sind damit die Methoden der Schrittsetzungen, durch die man in den Kampfkünsten Distanzen verkürzt oder vergrößert und Richtungen verändert.

47. *Boxeraufstand.* Aufstand der chinesischen Boxer (I-ho-t'uan — Schutzverband für Gerechtigkeit und Einheit) im Jahre 1900. Die Mitglieder dieser Vereinigung waren ursprünglich Angehörige der Sekte »Weißer Lotus«, die sich hauptsächlich aus Sicherheitsbeamten des chinesischen Staates zusammensetzten.

Die Unruhen begannen, als die europäischen Niederlassungen in China gegen chinesische Tradition und Kultur vorzugehen begannen. Die Boxer, eine relativ unpolitische Vereinigung, verwandelten sich daraufhin in eine christenfeindliche Organisation, und als sie den deutschen Gesandten von Ketteler ermordeten, ließ die chinesische Kaiserin in blindem Vertrauen auf die Macht der Boxer allen Ländern, die Niederlassungen in China hatten, den Krieg erklären.

Kaiser Wilhelm setzte Deutschland an die Spitze einer bewaffneten Invasion in China, die einen blutigen Krieg auslöste. Zusammen mit Rußland, Großbritannien, Frankreich, den USA, Italien, Österreich-Ungarn und Japan unterwarfen sie die Boxer und zwangen China zur Unterzeichnung der sogenannten »Boxerprotokolle«, deren Auswirkungen im Jahre 1911 die chinesische Revolution auslösten.

48. *Mondo.* Lehrgespräch zwischen Meister und Schüler. Das Mondo ist eine Art Zen-Dialog. Der Schüler stellt Fragen, und der Meister antwortet. Solche Gespräche sind nicht bloß Seminare, sondern sie sollen unter dem Aspekt harmonischer Abstimmung, Sammlung und Konzentration stattfinden. Eines ihrer wichtigsten Merkmale ist die Haltung des Respektes gegenüber der Lehre und die Zurückhaltung eigener unangebrachter Meinungen, die nicht den Zweck des Lernens verfolgen.

Eine höhere Form des Mondo ist Dokusan. »Dokusan« bedeutet »allein zu einem Höheren gehen« und ist eine private Unterredung zwischen Meister und Schüler. Eine solche Begegnung ist von Zeit zu Zeit nötig, da sie zu den wichtigen Komponenten des Fortschrittes gehört. Für das Zustandekommen solcher Begegnungen muß der Schüler Sorge tragen, denn sie sind ein Bindeglied zwischen Lehrer und Schüler, das nie abreißen darf. Besteht ein Verhältnis des Lernens ohne Dokusan, ist es für den Schüler unmöglich, sich auf dem WEG (Do) zu entwickeln. Das Nichtinteresse des Schülers an Dokusan ist für den Lehrer ein sicheres Zeichen von falscher Haltung seitens des Schülers. Verweigert der Lehrer dem Schüler Dokusan, ist dies für den Schüler ein Zeichen, daß er sich zu wenig auf dem Weg bemüht und zu viel Hilfe von außen erwartet.

Dokusan in den Kampfkünsten hat einen ähnlichen Charakter wie die christliche Beichte und unterliegt ebenso wie diese strenger Geheimhaltung. Erstens, weil im Dokusan völlige Offenheit erwartet wird, und zweitens, weil es eine Art persönlicher Lehre ist, die auf den einzelnen Schüler abgestimmt sein muß, denn selbst bei gleichen Sachverhalten reagieren verschiedene Schüler unterschiedlich.

Außerdem kann Dokusan nur vom Sensei selbst gegeben werden und nie von einem Sempai. Geschieht dies dennoch, muß der Sensei davon in Kenntnis gesetzt werden. Im gegenteiligen Fall wird dies als Vertrauensbruch angesehen.

49. *Butokukai.* Ehemalige paramilitärische Schule, gegründet im Jahre 1895 mit dem Zweck, Soldaten für den Krieg auszubilden. Die Schule wurde jedoch 1945 aufgelöst.

50. *Pa-kua.* Die Kampfkunst der ›acht Diagramme‹, wahrscheinlich eine Weiterentwicklung des chinesischen Hsing-i. Der Schwerpunkt liegt auf dem Ausweichen und Ausnutzen der gegnerischen Kraft zum eigenen Vorteil. Das kämpferische Element des Pa-kua ist jedoch nicht offensichtlich und bleibt im Hintergrund. Der philosophische Inhalt des Stils beruht auf der Lehre des Yin und Yang und der ewigen Veränderung. Das System ergänzt sich sehr gut mit dem Hsing-i und dem T'ai-chi ch'uan, weshalb es in vielen chinesischen Schulen zusammen mit diesen gelehrt wird. Hsing-i wirkt direkt und linear, Pa-kua indirekt und kreisförmig, und T'ai-chi in alle Richtungen.

51. Meister Miyagi bat Meister Itosu um Unterricht im Shorin-ryu. Dieser jedoch lehnte es ab, mit der Begründung, Miyagi sei bereits ein fertiger Meister und habe nichts mehr von anderen zu lernen, sondern nur noch von sich selbst.

52. *Bubishi.* Altes chinesisches Dokument unbekannten Ursprungs, auf dem acht Regeln für die Ausübung der Kampfkünste stehen. Die Geschichtsforscher betrachten dieses Dokument als den Ursprung der Kampfkunstphilosophie. Chojun Miyagi gründete seinen Stil unter starken Einflüssen aus dem chinesischen Kempo und benannte ihn Goju-ryu, eine Bezeichnung, für die er sich aus dem Bubishi inspirieren ließ.

Bibliographie

KIM, RICHARD
The weaponless Warriors (Ohara, 1977)
The classical Man (Masters Publications, 1986)
Kobudo (Masters Publications, 1983)

HABERSETZER, ROLAND
Karate de la Tradition (Amphora, 1986)
Karate-do Katas (Amphora, 1985)

PORTOCARRERO, PIERRE
Tode, les origines du Karate-do (Sedirep, 1986)

NAKAMURA, TADASHI
Karate — Technique and Spirit (Shufunotomo, 1987)

FUNAKOSHI, GICHIN
Karate-do Kyohan (Kodansha, 1983)
Karate-do, mein WEG (Kristkeitz, 1983)

EGAMI, SHIGERU
The way of Karate (Kodansha, 1976)

HIGAONNA, MORIO
Traditional Karate-do — Okinawa Goju Ryu (Japan Publications, 1985)

NAGAMINE, SHOSHIN
The Essence of Okinawan Karate-do (Tuttle, 1984).

CAMPBELL, SID
Weapons of Okinawa (Paladin Press, 1987).

HASSELL, RANDALL
Conversations with the Master: Masatoshi Nakayama (Focus Publications, 1983).